1939-1945
WORLD WAR TWO

AUTORE

Aymeric Lopez, nato a Lione nel 1986, laureato in ingegneria meccanica è impiegato nel settore della costruzione navale militare dal 2009. Da sempre affascinato dalla storia, prima dall'antichità e poi dalle guerre del XX secolo. Modellista fin dall'età di 15 anni, ha sviluppato un particolare interesse in merito ai mezzi italiani della seconda guerra mondiale, poco conosciuti nel suo paese in Francia. Per questo motivo è diventato un esperto anche grazie allo studio frequente e alla raccolta di documentarmi, visitando i musei e gli enti militari transalpini fino a creare un sito web specifico sull'argomento nato per condividere la sua passione.

RINGRAZIAMENTI

L'autore e l'editore ringraziano per le gentili concessioni e/o crediti fotografici: collezione J.M. Campesino, collezione Francisco Andreu, collezione Famiglia Dequal, Archivo Fundación Yagüe, collezione Adriano Mantelli, Archivio Aeronautica Militare, collezione famiglia Bolesani, collezione Branguli, Collezione Bruno Dalpiaz, collezione Bernardo Monti, collezione E. Leproni , collezione Prospero Nuvoli, collezione famiglia Anderle, collezione Franco Bargoni, collezione famiglia Comelli, collezione Nino Bortolini, collezione Fernando Pina Rubio, collezione A. de Toro, collezione Patrick Laureau , collezioni Sebastian Aguilar, Betanya e Salvador, Archivos Estatales spagnoli, Bibliothèque nationale de France, Archivio Storico Provinciale di Bolzano), Museo Caproni , Museo Storico Italiano della Guerra, Bundesarchiv. Il resto delle immagini dove non diversamente indicato sono della collezione dell'autore.

Titolo: **ITALIANI IN SPAGNA 1936-1937** Code.: **WTW-035 IT** Aymeric Lopez
ISBN code: 978-88-93278553 prima edizione Maggio 2022
Lingua: Italiano Nr. di immagini: 138 dimensione: 177,8x254mm Cover & Art Design: Luca S. Cristini

WITNESS TO WAR (SOLDIERSHOP) is a trademark of Luca Cristini Editore, via Orio, 35/4 - 24050 Zanica (BG) ITALY.

WITNESS TO WAR

ITALIANI IN SPAGNA 1936-1937

PHOTOS & IMAGES FROM WORLD WARTIME ARCHIVES

AYMERIC LOPEZ

INDICE

▲ La rivolta in Marocco sulla prima pagina del quotidiano La Voz del 18 luglio 1936. Biblioteca Nazionale di Spagna

INTRODUZIONE

LE ORIGINI DELLA GUERRA CIVILE SPAGNOLA

Anche se la genesi completa del conflitto spagnolo non è l'oggetto di studio principale di questo libro, che si concentra sulla partecipazione italiana alla guerra civile, è bene iniziare tracciando la cronologia degli eventi che hanno portato allo scoppio del conflitto nella penisola iberica.

UN PAESE IN DECLINO

Nel 1898, la Spagna fu sconfitta nella breve guerra contro gli Stati Uniti, l'ultimo conflitto di un secolo che segnò la fine dell'impero coloniale spagnolo. Come risultato del Trattato di Parigi, il paese perse Cuba, Guam, Porto Rico e le Filippine. Tutto ciò che rimaneva del suo impero erano alcuni possedimenti africani, completati nel 1912 dal protettorato del Marocco.

Le élite spagnole si resero improvvisamente conto che il loro paese era diventato un attore secondario sulla scena internazionale, mentre la rapida sconfitta degli Stati Uniti fu vissuta come una profonda umiliazione da tutta la società.

Sul piano interno, il paese lottava contro molte difficoltà socio-economiche, la più importante delle quali era il problema agrario. Nel 1928, quasi il 75% della terra apparteneva al 5% dei proprietari, e circa il 90% dei 4.500.000 contadini spagnoli guadagnava meno di una peseta al giorno, appena un quarto del salario medio. Le disparità regionali in termini di sviluppo industriale, limitate principalmente alla Catalogna e ai Paesi Baschi, aprirono la strada alle rivendicazioni nazionaliste in queste regioni.

Politicamente, la Spagna tornò alla monarchia costituzionale con il colpo di stato del 1874, avvenuto sotto forma di restaurazione dei Borboni, dopo la breve esperienza della prima repubblica proclamata nel febbraio 1873. Questo regime era basato su un sistema bipartitico in cui l'alternanza politica fittizia era concordata tra i due partiti dinastici (liberale-conservatore e liberale-fusionista) e assicurata attraverso l'uso di frodi elettorali. L'istituzione del suffragio universale per gli uomini sopra i 25 anni nel 1890 non cambiò fondamentalmente il funzionamento del sistema.

La profonda centralizzazione che accompagnò la restaurazione ebbe solo l'effetto di rafforzare il nazionalismo catalano e basco. I primi movimenti operai diedero vita al PSOE, fondato nel 1879, e al sindacato UGT nel 1888.

Con l'ascesa al trono di Alfonso XIII nel 1902, la Spagna iniziò una timida modernizzazione sotto il controllo dell'esercito. Durante la prima guerra mondiale, il paese rimase neutrale, il che contribuì alla sua emarginazione in Europa. Nel 1917, scoppiò uno sciopero rivoluzionario che portò alla dichiarazione dello stato di emergenza. La grave epidemia di influenza del 1918 non fece che aggravare la situazione, mentre la rivoluzione russa influenzò i sindacati, che mantennero centri di rivolta in tutto il paese fino al 1921. I governi successivi, incapaci di ripristinare la situazione a causa delle divisioni politiche di tutte le parti, si susseguirono rapidamente fino al colpo di stato di Miguel Primo de Rivera il 13 settembre 1923.

Riconosciuta dal re, la dittatura di Primo de Rivera doveva mettere ordine nella corruzione del paese. A tal fine, la costituzione fu sospesa, i consigli comunali furono sciolti e i partiti politici furono banditi. Mentre la CNT e il PCE vennero repressi, il PSOE e la UGT furono tollerati dal regime. La politica di grandi opere nel campo delle infrastrutture, dell'irrigazione e dell'energia idroelettrica permise inizialmente al regime di godere di grande popolarità. Ma l'appoggio alla dittatura fu di breve durata: la borghesia catalana fu rapidamente delusa dalla politica centralista del governo e il deterioramento delle condizioni di lavoro allontanò il PSOE e la UGT dai piani di Rivera. La crisi del 1929 ebbe effetti devastanti sull'economia del paese e Alfonso XIII costrinse il dittatore a dimettersi e ad andare in esilio nel gennaio 1930.

LA SECONDA REPUBBLICA

Complice la dittatura, la monarchia fu messa seriamente in discussione dal Patto di San Sebastián, firmato dalla maggioranza delle correnti repubblicane spagnole. L'idea di abolire la monarchia prese piede anche nell'esercito, dove alcuni tentativi di ribellione furono repressi nel sangue.

Per sondare l'opinione pubblica, il re e il suo capo del governo, l'ammiraglio Juan Bautista Aznar-Cabañas, decisero di organizzare le elezioni municipali per il 12 aprile 1931. La mattina del 13 aprile, i risultati parziali delle grandi città diedero una larga maggioranza ai repubblicani.

Su 50 capoluoghi di provincia, 40 videro la vittoria delle liste repubblicane. Quando i primi risultati furono annunciati, folle entusiaste si formarono nelle principali città del paese, mentre il re convocò i suoi ministri per annunciare che era pronto ad affrontare le conseguenze di questo fallimento.

Alla fine, però, i candidati monarchici rappresentarono il 50,17% del totale grazie ai loro buoni risultati nelle zone rurali, contro il 48,03% dei repubblicani. Ma Alfonso XIII aveva deciso: considerando che rimanere al potere poteva portare a gravi disordini, decise di andare in esilio il 14 aprile, ma senza abdicare. All'inizio andò in Francia, poi, nel 1934 si stabilì definitivamente a Roma.

Lo stesso giorno dei risultati fu proclamata la Seconda Repubblica, anche se la costituzione non prevedeva elezioni comunali per cambiare il regime in vigore. Le elezioni delle *Cortes Constitucionales* del 28 giugno 1931 diedero una larga maggioranza ai partiti della sinistra repubblicana, con il 38,4% dei voti e 173 seggi su 470. I socialisti, guidati dal leader moderato Juliàn Besteiro, ottennero il 24,5% dei voti e 116 seggi. Il 27,8% dei voti raccolti dal centro vennero sparsi tra più partiti, mentre il 9,7% dei voti dei partiti di destra sancì la loro innegabile sconfitta.

Un governo di centro-sinistra governò la giovane repubblica, guidato da Manuel Azaña, membro della sinistra repubblicana, nominato dal presidente della repubblica, Niceto Alcalá Zamora.

Nel giugno 1932, su pressione del PSOE e della UGT, il presidente del Consiglio Azaña cancellò 61 riunioni dell'*Accion Popular*, il partito repubblicano di destra di José María Gil-Robles, e vietò la pubblicazione del quotidiano di destra *El Debate* per due mesi. Nell'agosto del 1932, il generale José Sanjurjo Sacanell, che aveva aderito alla repubblica, tentò di rovesciarla per restaurare la monarchia. Informato del complotto, Azaña non lo bloccò per avere un pretesto per repubblicanizzare l'esercito.

Il 19 novembre 1933, le elezioni generali alle Cortes furono vinte dalla destra, che approfittò della disunione della sinistra e delle istruzioni degli anarchici di astenersi dal voto. Questa fu la prima elezione in cui le donne spagnole poterono votare.

La CEDA, che riunisce i partiti della destra repubblicana sotto la guida di José María Gil-Robles, era in testa con il 24,3% dei voti e 115 seggi su 472. I partiti di destra insieme presero 242 seggi, i centristi

▲ Re Alfonso XIII in uniforme da ussaro. (Crediti foto: collezione J.M. Campesino)

131 e la sinistra 99. Il presidente della Repubblica Niceto Alcalá Zamora avrebbe dovuto chiamare il leader del partito maggiore a formare il nuovo governo. Ma sotto la pressione del PSOE e della UGT, Zamora si rivolse ad Alejandro Lerroux, leader del Partito Radicale Repubblicano, per formare un gabinetto di governo. Ma quest'ultimo non poteva fare nulla senza la CEDA di Gil Robles, che accettò di sostenerlo per alcuni mesi, anche se il suo partito non aveva posti ministeriali.

Questa sottomissione valse a Gil-Robles critiche da parte dei monarchici ma anche del suo stesso partito, che lo portarono infine a chiedere tre portafogli ministeriali nell'ottobre 1934, pur rinunciando a qualsiasi funzione di governo per sé. L'ingresso di tre ministri del CEDA nel governo portò a una rivolta armata pianificata dalla sinistra anarchica e marxista, chiamata "Rivoluzione d'ottobre", che colpì in particolare le Asturie. Il movimento fu violentemente represso dalle truppe agli ordini del generale Francisco Franco Bahamonde e la politica del governo divenne molto reazionaria.

Nel maggio 1935, cinque membri della CEDA entrarono nel governo, tra cui Gil-Robles che divenne ministro della guerra. In entrambi i campi, l'estremismo era in aumento.

Nel febbraio 1934, la Falange spagnola, un'organizzazione nazionalista e sindacalista fondata il 29 ottobre 1933 da José Antonio Primo de Rivera, figlio dell'ex dittatore, si fuse con la JONS di Ramiro Ledesma Ramos per formare la FE de las JONS. Sebbene il partito fosse inizialmente contrario a qualsiasi rappresaglia contro i suoi oppositori, il suo atteggiamento cambiò dopo la "rivoluzione d'ottobre". Per ravvivare la sinistra dopo la sconfitta del novembre 1933, Azaña cercò di formare un fronte popolare. Ma oltre al suo partito *Izquierda Republicana* e *Unión Republicana*, Azaña fu costretto ad avvicinarsi al PSOE per formare un'ampia coalizione di sinistra. Tuttavia, quest'ultimo si era fortemente radicalizzato da quando la tendenza socialdemocratica guidata da Juliàn Besteiro era stata rimossa dalla direzione nel 1932. Dopo alcuni mesi di prigione in seguito alle violenze dell'ottobre 1934, Largo Caballero divenne il principale leader del PSOE. Soprannominato il Lenin spagnolo, impose la sua tendenza rivoluzionaria al partito. Indurendo il suo discorso, Azaña riuscì a formare il *Frente Popular,* che comprendeva il PSOE e il PCE il 20 ottobre 1935.

IL FRONTE POPOLARE VA AL POTERE

Nel gennaio 1936, con il paese che si dimostrava ingovernabile, il presidente Alcalá Zamora decise di sciogliere le Cortes e convocare nuove elezioni.

La campagna si svolse in un'atmosfera velenosa.

A destra, José-Antonio Primo de Rivera disse ai suoi sostenitori che *"se il risultato dello scrutinio risultasse contrario, pericolosamente contrario, ai destini eterni della Spagna, la Falange relegherà con tutte le sue forze il verbale dello scrutinio al rango di disprezzo".*

A sinistra per contro, Largo Caballero avvertì che *"in caso di vittoria della destra alle elezioni, dovremo necessariamente ricorrere alla guerra civile aperta".*

Le elezioni furono fissate per il 16 febbraio 1936. Affinché la CNT e la FAI non ripetessero il loro ordine di astensione come nel 1933, il *Frente Popular* promise di concedere l'amnistia a tutti i prigionieri della "rivoluzione d'ottobre del 1934", tra i quali c'erano molti anarchici. D'altra parte, la destra si presentò divisa alle urne, con il fronte nazionale voluto

▲ Miguel Primo de Rivera, dittatore dal 1923 al 1930.

▲ Sanjurjo sotto processo con altri ufficiali che hanno partecipato al tentativo di colpo di stato.
▼ Alejandro Lerroux nelle elezioni del novembre 1933.

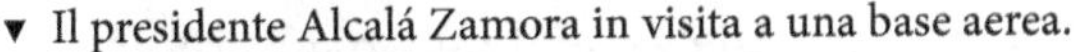

▲ Franco e Gil-Robles, ministro della guerra da maggio a dicembre 1935.

▼ Il presidente Alcalá Zamora in visita a una base aerea.

da Gil-Robles che faticava a radunarsi al di là della CEDA. Anche se i risultati delle elezioni non furono noti con precisione, le tendenze principali erano indiscutibili. Fu una chiara vittoria del *Frente Popular*, ma non massiccia, dato che il suo totale non raggiunse il 50%, con solo il 2% di scarto dal totale dei voti della destra. Poiché la legge elettorale garantiva una comoda maggioranza alla coalizione vincente, la sinistra ottenne 263 seggi su 473, contro i 163 dei partiti andati alla destra.

All'interno del *Frente Popular*, l'equilibrio di potere era più favorevole alla sinistra repubblicana che alla sinistra marxista. Il governo formato da Azaña includeva solo membri della *Izquierda Republicana* e della *Unión Republicana*:

▲ A Barcellona il 16 febbraio 1936, vengono liberati i prigioniero della "Rivoluzione di ottobre 1934".

Azaña non voleva includere i socialisti nel suo gabinetto, e lo stesso Largo Caballero si oppose alla partecipazione del PSOE al nuovo governo, temendo che Indalecio Prieto (il secondo del PSOE) potesse formato un'alleanza socialdemocratica.

La CEDA riconobbe la vittoria del *Frente Popular*, e il leader della Falange diede istruzioni affinché i membri del suo partito non adottassero un atteggiamento ostile verso il nuovo governo.

Appena insediato, il governo di Azaña decretò, come promesso, un'amnistia per i prigionieri della "Rivoluzione d'Ottobre" del 1934 prima di intraprendere una riforma agraria e lanciare la riorganizzazione del comando militare, nominando generali vicini alla repubblica nei posti chiave e rimuovendo quelli giudicati meno fedeli. In una situazione economica difficile, la vittoria del *Frente Popular* incoraggiò gli operai e i contadini a fare richieste che andavano ben oltre la capacità dei settori industriali e agricoli, moltiplicando scioperi e occupazioni. Ma il problema più grave per il governo era l'aumento dell'estremismo nell'ala sinistra del *Frente Popular*, che non era in grado di gestire. Il PSOE riteneva invece che il paese fosse maturo per la rivoluzione. Largo Caballero, sempre più influenzato dal suo consigliere Álvarez del Vayo, membro del Comintern, dichiarò: "La rivoluzione che vogliamo può essere realizzata solo con la violenza". Si formarono milizie in tutte le organizzazioni di sinistra, tra cui l'efficacissima MAOC del PCE guidata dall'italiano Ettore Vanni, membro del Comintern.

Il 27 febbraio, gli uffici della Falange vennero chiusi e il giorno dopo furono uccisi quattro lavoratori falangisti membri del CONS. Il 4 marzo, due studenti falangisti vennero ritrovati morti. Il giorno dopo, la stampa falangista fu bandita, mentre l'11 marzo, uno studente carlista fu assassinato in pieno giorno a Madrid. Il giorno dopo, quattro studenti falangisti presero di mira il parlamentare del PSOE Luis Jiménez de Asúa. Sebbene lo stesso scampò al tentativo di assassinio, il suo ufficiale di scorta non fu così fortunato. Il governo reagì il 14 marzo imprigionando José-Antonio Primo de Rivera insieme a 2.000 dirigenti falangisti, il che non impedì al partito di destra di organizzare una risposta armata.

Il 3 aprile 1936, Indalecio Prieto presentò alle Cortes una mozione di impeachment del presidente della repubblica Alcalà Zamora, che fu approvata con 238 voti contro 5.

Il 10 maggio Manuel Azaña lo sostituì al posto di presidente della Repubblica nominando il galiziano Santiago Casares Quiroga presidente del Consiglio. A maggio si tennero elezioni suppletive in circoscrizioni ritenute di destra, dopo l'annullamento delle votazioni di febbraio da parte della Commissione sugli atti delle Cortes, dominata dal *Frente Popular*.

Va notato che Prieto rifiutò di presiedere la commissione per protestare contro le irregolarità che aveva trovato. Come risultato del terrore provocato, la provincia di Granada, una roccaforte della destra, si spostò a sinistra: dei 13 seggi in gioco, tutti furono vinti da candidati del *Frente Popular*, mentre la destra raccolse 7 seggi a febbraio e il centro 3. Queste elezioni parziali permisero al PSOE di diventare il primo partito nelle Cortes con 99 seggi. Tuttavia, il partito continuò a rifiutarsi di entrare nel governo, preferendo continuare di fatto il suo potere rivoluzionario, mentre il paese sprofondava nell'anarchia. La destra repubblicana cominciò a disintegrarsi: i più fanatici si ammassarono nella Falange posta fuori legge.

Appena scoppiarono i primi disordini, una parte dell'esercito iniziò a tramare. Il generale Emilio Mola Vidal riunì alcuni ufficiali l'8 marzo per delineare un embrione di rivolta basata sulla UME, mentre i militari di sinistra si riunirono all'interno dell'UMRA. I cospiratori non agirono con discrezione ed è molto probabile che il governo venne informato. Ciononostante, il governo preferì lasciare che accadesse, come fu nel caso dell'abortito golpe di Sanjurjo, pensando di poter contenere il movimento e sperando di approfittare della situazione più tardi.

Il 26 giugno 1936, Franco, che finora aveva rifiutato tutte le offerte dei cospiratori, scrisse una lettera molto ambigua a Santiago Casares Quiroga, presidente del Consiglio, esprimendo la preoccupazione degli ufficiali per il disordine.

Assassinii e spedizioni punitive si intensificarono da entrambe le parti. Nei quattro mesi successivi alle elezioni, non meno di 269 persone vennero uccise e 1278 ferite. La sera del 12 luglio, un gruppo della *Guardia de Asalto*,

▲ Niceto Alcalá Zamora (a sinistra), presidente della Repubblica, e Manuel Azaña, presidente del Consiglio.

▲ Il generale José Sanjurjo, istigatore del colpo di stato abortito dell'agosto 1932. (Crediti fotografici: collezione J.M. Campesino)

un'unità creata dal *Frente Popular* per proteggersi da una Guardia Civil giudicata troppo di destra, arrestò il leader monarchico José Calvo Sotelo. La mattina dopo, il suo corpo fu trovato in un fosso vicino a Madrid. Questo assassinio ebbe l'effetto di un elettroshock: Franco si radunò con i cospiratori. La rivolta militare scoppiò il 17 luglio in Marocco e il 18 luglio nella Spagna continentale: fu l'inizio della guerra civile.

MOTIVI DELL'INTERVENTO ITALIANO

La guerra civile spagnola divenne interesse internazionale molto rapidamente. In primo luogo, per necessità, perché entrambe le parti in causa mancavano di armi e attrezzature fin dall'inizio e quindi si rivolsero all'estero. In secondo luogo, perché il conflitto era molto marcato dal punto di vista ideologico e doveva servire da palcoscenico per l'espressione di tutti gli estremismi dell'Europa, di destra e di sinistra.

In quattro giorni, tra il 17 e il 21 luglio, le forze armate spagnole si divisero nettamente tra i due campi: mentre l'aviazione e la marina rimasero per lo più fedeli al governo, 24 reggimenti di fanteria su 40 passarono al campo golpista. La *Guardia de Asalto* rimase prevalentemente lealista, con 11 gruppi su 18, mentre la *Guardia Civil* si divise tra 108 compagnie lealiste e 109 ai ribelli.

Il *Tercio*, la legione straniera, era in gran parte dalla parte dei ribelli, così come i regolari marocchini. La bilancia del potere era chiaramente dalla parte dei repubblicani. Se la ribellione vinse facilmente in Marocco, nelle isole Canarie e nelle Baleari (ad eccezione di Minorca), la situazione era molto più complicata nel continente, dove la maggior parte delle grandi città rimase fedele alla repubblica, tra cui Madrid, Barcellona e Bilbao.

Il governo guidato da José Giral Pereira, che sostituì Casares, reagì rapidamente ordinando lo scioglimento delle unità ribelli, armando le milizie e addestrandole al futuro EPR. Il leader dell'insurrezione, il generale Sanjurjo, morì il 20 luglio nell'incidente dell'aereo che doveva riportarlo dal Portogallo alla Spagna. Privata del suo

▲ Manuel Azaña e il generale Francisco Franco, che guidò la repressione contro la "rivoluzione d'ottobre del 1934".

▲ José Antonio Primo de Rivera, fondatore della Falange spagnola.

leader e incapace di occupare le principali città del continente, la ribellione aveva urgente bisogno di consolidare le sue posizioni, soprattutto in Andalusia, rimpatriando le unità militari in Marocco agli ordini del generale Franco, cioè 30.000 uomini del *Tercio* e dei regolari. Ma per questo, i nazionalisti avevano urgente bisogno di un aiuto esterno.

Avevano in dotazione solo tre Fokker F.VII b3m da trasporto, le navi da carico *Cabo Espartel* e *Ciudad de Algeciras*, il cacciatorpediniere *Churruca* (che però passò dalla parte repubblicana dopo la prima traversata tra Ceuta e Cadice in seguito alla rivolta degli equipaggi) e le cannoniere *Dato*, *Cánovas del Castillo* e *Lauria*, le ultime due passate dalla parte nazionalista il 18 luglio quando Cadice fu presa. Alla flotta, che rimaneva principalmente lealista, fu ordinato di navigare verso lo stretto di Gibilterra per impedire ai nazionalisti di rimpatriare le loro truppe sulla terraferma.

Il 19 luglio, lo stesso giorno in cui Giral Pereira inviò un telegramma alla Francia per cercare l'aiuto di Leon Blum, il generale Franco prese contatto con il Magg. Giuseppe Luccardi, di stanza al consolato italiano a Tangeri, per chiedere al governo italiano l'acquisto di aerei da trasporto.

Il giorno dopo, Luccardi inviò tre telegrammi al SIM per informarli della richiesta di Franco. Quest'ultimo decise di dare più peso alla sua richiesta inviando la sera del 19 a Roma, via Portogallo, il giornalista Luis Bolìn del quotidiano monarchico ABC, affinché la richiesta di Franco potesse essere controfirmata da Sanjurjo. Bolìn fu ricevuto la mattina del 22 luglio dal ministro degli Esteri, Galeazzo Ciano. Accennando a un possibile accordo sulla vendita, Ciano gli chiese di tornare il giorno dopo. Ma il 23 luglio, Filippo Anfuso, segretario di Ciano, informò Bolìn che l'Italia non poteva accogliere la sua richiesta, ufficialmente per mancanza di aerei disponibili. Nel frattempo, Mussolini aveva letto i telegrammi di Luccardi e aveva informato Ciano che intanto si rifiutava di aiutare gli insorti. Il ministro considerava l'impresa incerta e temeva di esporre il suo paese alla guerra aperta subito dopo l'invasione dell'Etiopia.

Il 22 luglio, il generale Mola riunì alcuni rappresentanti dei monarchici e spiegò le difficoltà dell'insurrezione. Alla fine della riunione, i monarchici decisero di inviare due delegazioni a Berlino e Roma per spiegare ai governi tedesco e italiano i pericoli derivanti dalla Francia del Fronte Popolare che aiutava il governo di Madrid. La missione che arrivò a Roma la sera del 24 luglio era composta da Luìs Zeurunegui, Pedro San Rodríguez e Antonio Goicoechea, il leader monarchico nelle Cortes. Quest'ultimo era stato ricevuto da Mussolini nel marzo 1934 per cercare sostegno in armi e valuta per una potenziale rivolta carlista. Se allora la rivolta non avesse avuto luogo, l'Italia promise 1,5 milioni di pesetas ai carlisti e pagandone almeno 500.000.

Quando Ciano ricevette la delegazione monarchica la mattina del 25 luglio, la posizione dell'Italia verso gli insorti già era cambiata. Infatti, l'ambasciatore italiano in Francia, Vittorio Cerruti, inviò un telegramma in codice il 23 per informare che il governo transalpino guidato da Léon Blum era pronto a rispondere favorevolmente alla richiesta di aiuto del governo repubblicano in armi e aerei. Il giornale di destra *L'Echo de Paris* aveva dato la notizia il 24 luglio, e il giorno dopo Ulrich von Hassell, l'ambasciatore tedesco a Roma, aveva informato Ciano della disponibilità del governo francese ad armare Madrid. In queste circostanze, Goicoechea non ebbe difficoltà a convincere Ciano a vendergli a credito 12 Savoia Marchetti S.81.

I 12 S.81 senza distintivi di nazionalità furono assemblati all'aeroporto di Cagliari-Elmas tra il 28 e il 29 luglio e partirono subito per Nador, nel Marocco spagnolo, il 30 luglio.

A causa dei venti contrari che aumentarono il consumo di carburante e di una preparazione insufficiente, solo nove aerei arrivarono a destinazione. Mentre l'aereo di Angelini si schiantò in mare. Quello di Mattalia si schiantò in Algeria mentre il trimotore di Ferrari dovette fare un atterraggio di fortuna nel protettorato francese in Marocco, sulla costa vicino alla foce del Moulouya, a soli 3 km dal confine del protettorato spagnolo. Anche se gli aerei e i piloti erano camuffati da civili, la loro nazionalità non era certo un mistero per le autorità francesi e il coinvolgimento dell'Italia nel

▲ Manifestazione popolare all'annuncio della vittoria del Frente Popular nelle elezioni del 16 febbraio 1936. (Crediti foto: Archivos Estatales)

conflitto spagnolo fu reso pubblico il giorno dopo dalla stampa francese.

Da quel momento in poi, non si parlò di tirarsi indietro o di nascondersi, tanto più che l'Italia aveva già inviato il 27 luglio il cargo Morandi da La Spezia, carico di munizioni, carburante e pezzi di ricambio per sostenere il gruppo aereo.

La scelta di Mussolini di intervenire dalla parte dei nazionalisti spagnoli era quindi strettamente legata all'atteggiamento assunto dalla Francia, anche se alla fine i primi aerei stranieri ad entrare nel conflitto furono proprio gli S.81 italiani. Il duce temeva l'installazione duratura di un regime

▲ Il generale Emilio Mola Vidal, uno dei principali istigatori della rivolta del luglio 1936, nel campo di Burogs-Gamonal. (Crediti fotografici: Archivo Fundación Yagüe)

▲ Fokker F.VII b/3m '20-4' prima della rivolta del luglio 1936. Qui sotto lo stesso aereo in colori nazionalisti. Prese parte al ponte aereo sullo stretto di Gibilterra. (Crediti foto: collezione Francisco Andreu su AviationCorner.net)

del Fronte Popolare in Spagna, che avrebbe avuto l'effetto di rafforzare l'asse Parigi-Madrid, mentre l'Italia era al tempo diplomaticamente isolata in seguito alle sanzioni decretate dalla Società delle Nazioni in risposta all'invasione dell'Etiopia. Infine, Franco promise a Mussolini, tramite Luccardi, l'istituzione di una repubblica fascista e un chiaro riavvicinamento diplomatico in caso di vittoria nazionalista, un argomento da non sottovalutare in quanto la Spagna era un paese chiave per la politica italiana nel Mediterraneo.

▲ Regolari marocchini a Ceuta. (Crediti fotografici: Archivo Fundación Yagüe)

▲ L'S.81 del Cpl. Ferrari dopo il suo atterraggio di fortuna sulla costa del protettorato francese in Marocco il 30 luglio 1936.

▲Alcuni degli equipaggi comandati dal ten.col. Ruggero Bonomi che volò l'S.81 a Nador il 30 luglio 1936.

► La notizia degli aerei italiani sulla prima pagina de L'Humanité del 31 luglio 1936. (Crediti: Bibliothèque nationale de France)

l'Humanité
ORGANE CENTRAL DU PARTI COMMUNISTE (S.F.I.C.)

VENDREDI 31 JUILLET 1936
DEUX ÉDITIONS

Fondateur : JEAN JAURÈS
Directeur : MARCEL CACHIN

COMBATS ACHARNÉS
AUTOUR DE SARAGOSSE

Les troupes gouvernementales consolident leurs victoires au Nord de Madrid
et dans les régions de Guipuzcoa et de Badajoz

LE BRUIT FANTAISISTE DE LA PRISE
DE VALENCE PAR LES REBELLES EST DÉMENTI

L'AVIATION ET L'ARTILLERIE LOYALES
BOMBARDENT AVEC SUCCÈS LES INSURGÉS

L'Italie envoie six avions aux rebelles. L'un s'écrase au sol au Maroc français ;
un autre tombe à la mer, trois enfin doivent atterrir en Algérie...
Ils transportaient des mitrailleuses et des dispositifs de guerre

Léon Blum et Yvon Delbos précisent devant les commissions des Affaires
étrangères de la Chambre et du Sénat la position du ministère

**Le gouvernement régulier de l'Espagne doit pouvoir se procurer
les moyens de rétablir l'ordre contre les factieux**

La Chambre vote plusieurs projets
en faveur des petits commerçants
et industriels

LA DÉLÉGATION DES GAUCHES

I – UN'ENTRATA IN SCENA GRADUALE

Nei primi mesi della guerra civile e fino alla battaglia di Madrid, l'avanzata delle forze nazionaliste poteva far credere che il conflitto si sarebbe concluso rapidamente. L'Italia cercò di fornire un sostegno decisivo agli insorti inviando un numero crescente, anche se ancora limitato, di truppe ed equipaggiamenti, sia per tenere il passo con la Germania sia per contrastare l'aiuto francese ai repubblicani al fine di guadagnare influenza nel Mediterraneo occidentale.

I NAZIONALISTI PRENDONO L'INIZIATIVA

Il giorno dopo l'insurrezione, la prima emergenza per i nazionalisti fu il trasferimento di tutte le truppe dal Marocco alla metropoli. Il 5 agosto, 2.500 uomini e una batteria di cannoni da 105 mm furono in grado di attraversare lo stretto di Gibilterra sotto la protezione delle cannoniere Dato e Uad Quert e degli S.81 italiani, che misero in fuga il cacciatorpediniere repubblicano Lepanto.

L'arrivo delle truppe marocchine in Andalusia permise la conquista di Mérida l'8 agosto e di Badajoz tra il 13 e il 14, assicurando la congiunzione con le truppe nazionaliste al nord e il controllo di gran parte della frontiera portoghese. Importanti successi furono ottenuti dai nazionalisti anche in Andalusia, in particolare la presa di Huelva e delle sue miniere e il collegamento con la città di Granada. Anche nei Paesi Baschi, gli insorti erano all'offensiva: il 4 settembre, le forze di Mola presero Irún, al confine con la Francia, prima di catturare San Sebastian il 15 settembre.

Dopo la congiunzione tra le forze nazionaliste del nord e del sud, l'offensiva verso Madrid poteva iniziare. Il 3 settembre, i 5.000 uomini del colonnello Yagüe presero Talavera de la Reina, nella valle del Tago, un nodo strategicamente importante nella marcia verso la capitale. Il giorno seguente, dopo le dimissioni di Giral, fu formato un nuovo governo repubblicano: Largo Caballero divenne

▲ Uno dei primi 12 Fiat CR.32 dell'*Aviación del Tercio* che sbarcarono dalla Nereide a Melilla il 14 agosto 1936. (Famiglia Dequal)

presidente del consiglio e ministro della guerra, mentre Indalecio Prieto assunse i portafogli della marina e dell'aviazione. Per la prima volta, i comunisti entrarono nel governo. Il nuovo gabinetto fu sollecitato a preparare la difesa di Madrid. Il 7 settembre, i repubblicani contrattaccarono nel tentativo di riprendere Talavera, senza successo.

Il 27 settembre, la liberazione dell'assedio dell'alcázar di Toledo, dove José Moscardó Ituarte resisteva dal 22 luglio con 1.000 uomini, da parte dei regulares del generale José Enrique Varela ebbe un impatto enorme. Per contro, i nazionalisti erano in ritardo di alcuni giorni e il loro obiettivo principale rimaneva Madrid, un obiettivo strategico e politico saldamente tenuto dai repubblicani, nonostante la partenza del governo Caballero per Valencia il 7 novembre.

Il 29 settembre 1936, la vittoria navale nazionalista nello stretto di Gibilterra, ottenuta con l'entrata in servizio degli incrociatori Canarias e Almirante Cervera a spese dei cacciatorpediniere Gravina e Almirante Ferrándiz, facilitò enormemente il trasferimento di unità dal Marocco e costituì una svolta nei rapporti di forza tra le marine delle due parti.

Implicazioni interne e internazionali dell'intervento italiano

La decisione di Mussolini di aiutare gli insorti spagnoli fu dettata principalmente dalla rivalità con la Francia, dalla gelosia nei confronti della Germania e dal prestigio nazionale e personale. Gli aspetti strategici ed economici passarono in secondo piano, anche se il Duce era ben consapevole dei vantaggi che una vittoria nazionalista poteva portargli e dei pericoli che un governo del Fronte Popolare in Spagna invece avrebbe rappresentato.

L'Italia uscì vittoriosa dalla guerra d'Etiopia e Mussolini era convinto che l'avventura spagnola sarebbe stata breve e poco costosa rispetto ai vantaggi strategici che avrebbe potuto ottenere dall'instaurazione di un regime amico nella penisola iberica. Nonostante la vittoria, la guerra coloniale in Africa aveva inghiottito importanti risorse e costretto a rimandare i programmi di modernizzazione delle forze armate. In questo contesto piuttosto sfavorevole, Mussolini non si preoccupò di consultare o informare il suo capo di stato maggiore generale, il maresciallo Pietro Badoglio, della sua decisione di intervenire in Spagna. Più che le questioni di bilancio, lo SMRE temeva un deterioramento delle relazioni con la Francia e l'Inghilterra, in un momento in cui le relazioni dell'Italia con la Società delle Nazioni cominciavano a migliorare.

▲ La torpediniera repubblicana Lepanto a Port Mahon nel 1935.

Il generale Federico Baistrocchi, sottosegretario di Stato alla guerra e capo di stato maggiore dell'Esercito, unico ufficiale di alto rango ad esprimere apertamente le sue riserve sulla politica di intervento in Spagna, fu destituito il 7 ottobre 1936 e sostituito dal generale Alberto Pariani. Anche se inizialmente Pariani non era più convinto del suo predecessore dei meriti dell'impresa, i suoi buoni rapporti con il ministro degli Esteri, Galeazzo Ciano, gli permisero di aderire alla posizione di Mussolini.

Il 4 settembre 1936, la sezione "S" fu creata all'interno del SIM con lo scopo di gestire tutti gli aspetti relativi all'intervento italiano in Spagna. Di fronte alla riluttanza degli stati maggiori dell'aviazione e della marina, Mussolini affidò il coordinamento delle operazioni al Ministero degli Affari Esteri. Poiché Ciano non aveva alcuna competenza in campo militare, ci si affidò al generale Mario Roatta, capo del SIM. Quest'ultimo assicurò il legame con lo SMRE, tenendolo informato di tutte le decisioni e chiedendo consigli e pareri.

L'iniziativa di un riavvicinamento italo-tedesco sull'intervento in Spagna fu presa da Berlino, che inviò l'ammiraglio Wilhelm Canaris a Roma per incontrare Roatta il 4 agosto. Tuttavia, solo il 26 agosto venne firmato un accordo tra le due parti. Esso prevedeva l'invio di due missioni di consiglieri militari, una italiana chiamata MMIS e l'altra tedesca, ai nazionalisti. Nell'incontro tra Roatta e Canaris il 28 agosto, l'Italia e la Germania si accordarono formalmente per rinunciare a qualsiasi compensazione territoriale in cambio del loro aiuto ai nazionalisti.

L'incontro tra Ciano e Hitler a Berchtesgaden il 24 ottobre 1936 portò ad un aumento degli aiuti dati da entrambi i paesi a Franco. Questo fatto rappresentò anche un'opportunità per il leader tedesco di proporre un'alleanza strategica con Roma. Tuttavia, Mussolini voleva continuare a giocare su entrambi i lati della barricata: da un lato, non voleva essere superato dalla Germania in termini di influenza che l'Italia voleva esercitare in Spagna; dall'altro, voleva che la Gran Bretagna riconoscesse l'impero italiano in Etiopia.

Il 18 novembre 1936, Italia e Germania riconobbero il *Gobierno del Estado Español*, guidato dal generale Franco, come unico governo legittimo in Spagna.

▲ Truppe nazionaliste in marcia a Irún dopo la presa della città il 5 settembre 1936.

▲ Miliziani che consegnano le loro armi ai gendarmi francesi per passare la frontiera a Irún tra il 4 e il 5 settembre 1936.

▲ Miliziani trincerati dietro una barricata a San Sebastian nel luglio 1936.

▼ Cavalieri marocchini del Tercio di Melilla che si preparano ad attraversare lo stretto di Gibilterra.

▲ Il Generale Mario Roatta, comandante della MMIS.

L'attività della Missione Militare Italiana in Spagna

Arrivando in Spagna, le due missioni militari comandate da Roatta e Warlimont si incontrarono successivamente con Queipo de Llano a Siviglia e Franco a Càceres. La loro attività iniziò il 6 settembre. Il 5 ottobre, la MMIS seguì il quartier generale di Franco a Salamanca. Le comunicazioni del MMIS passavano attraverso Tangeri prima di essere inoltrate al SIM, che a sua volta le trasmetteva al Ministero degli Affari Esteri e ai vari comandi interessati. Per le comunicazioni indirizzate all'Italia, Roatta prese lo pseudonimo di Colli, e quello di Mancini per quelle scambiate all'interno della MMIS o verso gli spagnoli.

Ancora prima dell'arrivo del MMIS, Franco richiese, il 3 settembre, tramite Magg. Luccardi, di inviare 24 aerei da combattimento. Con l'attivazione della MMIS, le richieste di Franco si moltiplicarono e riguardavano la fornitura di attrezzature navali per completare le navi in costruzione, torpediniere e sottomarini. Incapace di trasferire tutti questi materiali all'insaputa di agenti di altre potenze, il 22 settembre Roma rifiutò la consegna di alcuni di essi.

Roatta si recò sui vari fronti per informare Roma della situazione militare in tutta la penisola, tracciando un quadro preciso dell'organizzazione e della tattica dei nazionalisti, delle loro debolezze e forze, i ritratti dei loro capi e delle loro relazioni, le forti differenze tra falangisti e monarchici, e dando le sue sensazioni sull'atteggiamento della popolazione nei confronti degli insorti nei territori sotto il loro controllo. Dopo un breve passaggio in Marocco, Roatta tornò a Roma il 22 settembre per riferire la situazione a Ciano e ai vari stati maggiori. Espresse la sua fiducia nelle possibilità di vittoria dei nazionalisti, a causa dell'inferiorità morale e organizzativa dei repubblicani, e incoraggiò Roma a continuare e rafforzare il suo coinvolgimento con i nazionalisti.

▲ Capitano Vincenzo Dequal, alias Paride Limonesi, con l'uniforme del Tèrcio. (Crediti fotografici: famiglia Dequal) a destra: Col. Ruggero Bonomi, comandante dell'Aviación del Tercio.

▲ Legionari marocchini che assistono allo sbarco del Fiat CR.32 a Melilla il 14 agosto 1936. (Crediti fotografici: Aeronautica Militare)

▼ Personale del XVI Gr.C. a bordo della Nereide a La Spezia il 7 agosto 1936. (Crediti fotografici: famiglia Dequal)

▲ S.81 all'aeroporto di Nador il 4 agosto 1936. (Crediti fotografici: collezione E. Leproni)

▼ La Nereide a Melilla il 14 agosto 1936. (crediti foto: famiglia Dequal)

Al suo ritorno in Spagna il 16 ottobre, Roatta fu convocato da Franco che lo informò che quindici navi da carico sovietiche cariche di armi e munizioni avevano attraccato a Cartagena. Di conseguenza, Franco chiese all'Italia e alla Germania di aumentare il loro aiuto materiale in quella che definì una "crociata contro il bolscevismo". La nuova situazione creata dal massiccio aiuto dell'URSS ai repubblicani costrinse sia l'Italia che la Germania a riconsiderare la loro politica generale di sostegno ai nazionalisti mentre cercavano di fare buon viso a cattivo gioco all'interno del comitato di non intervento...

NASCITA DELL'AVIAZIONE DEL TERCIO

Il cargo Morandi, partito da La Spezia il 27 luglio, come detto nell'articolo precedente, attraccò a Melilla il 3 agosto alle 9.30 con l'equipaggiamento necessario per sostenere il gruppo aereo di 9 S.81 arrivato il 30 luglio e rimasto inattivo per mancanza di carburante. Gli aerei a tre motori poterono allora iniziare la loro sorveglianza dello stretto di Gibilterra per facilitare il transito delle truppe nazionaliste. Per limitare le proteste internazionali, gli S.81 furono trasferiti ad un'unità ad hoc del *Tercio de Extranjeros* creata il 31 luglio, comandata dal Col. Ruggero Bonomi (alias Francesco Federigi) e chiamata *Aviación del Tercio*. Anche se gli equipaggi erano italiani, indossavano le uniformi della legione. Il 4 agosto, gli 8 S.81 operativi furono trasferiti da Nador a Tetouan, sede del quartier generale di Franco, dove furono accolti dal generale Alfredo Kindelán y Duany, comandante in capo della forza aerea nazionalista.

Lo stesso giorno, due S.81 attaccarono il cacciatorpediniere Almirante Valdès, costringendolo a sospendere il bombardamento di Larache. La mattina del 7 agosto, 3 S.81 effettuarono la loro prima missione sulla Spagna, bombardando i Breguet XIX repubblicani di stanza a Guadix nella Sierra Nevada. Lo stesso giorno, il trimotore di Erasi attaccò senza successo l'incrociatore *Libertad* nello stretto di Gibilterra. Il 9 agosto, sei S.81 furono riassegnati al campo d'aviazione Siviglia-Tablada per sostenere più efficacemente le truppe di Franco. Tuttavia, dovettero tornare a Tetouan il 12 agosto

▼ Fiat CR.32 a Tablada nel settembre 1936. Porta l'iscrizione "Monico Presente" sulla fusoliera, in memoria del pilota fucilato dai repubblicani. (crediti foto: famiglia Dequal)

▲ CR.32 del Cpl. Dequal dopo un atterraggio di emergenza vicino a Portalegre, Portogallo, il 31 agosto 1936. (Dequal family)

▼ Le autorità portoghesi, alleate di Franco, permettono il recupero del CR.32 di Dequal il 3 settembre 1936. (crediti foto: famiglia Dequal)

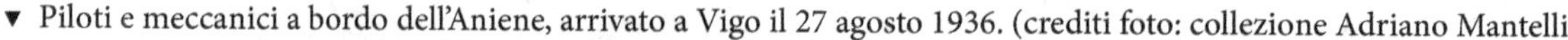

▲ Fiat CR.32 appena rimontato a Nador nell'agosto 1936. Si noti il tondo dipinto sul lato inferiore dell'ala superiore.

▼ Piloti e meccanici a bordo dell'Aniene, arrivato a Vigo il 27 agosto 1936. (crediti foto: collezione Adriano Mantelli)

▲ Piloti della 2.a escuadrilla a Talavera de la Reina alla fine di settembre 1936. (Crediti fotografici: collezione Adriano Mantelli)

▼ A sinistra: Sergente. Guido Presel davanti al suo CR.32 a Tablada nel settembre 1936. (Crediti fotografici: famiglia Dequal). A destra: Magg. Fagnani (a sinistra) e il col. Bonomi a Tablada nell'ottobre 1936. (crediti foto: famiglia Dequal)

▲ S.81 pesantemente danneggiato all'atterraggio a Talavera de la Reina il 18 ottobre 1936. (crediti foto: famiglia Dequal)

▼ Piloti della 2.a escuadrilla che ricaricano le strisce di rifornimento del loro caccia, a causa della mancanza di mitraglieri, al campo d'aviazione di Talavera a fine settembre 1936. (crediti foto: Aeronautica Militare)

perché tutta la logistica era ancora lì.

Durante la notte tra il 7 e l'8 agosto, un secondo mercantile, il Nereide (ex carboniera spagnola Alicantino), gettò l'ancora a La Spezia con 12 CR.32 del XVI Gr.C parzialmente smontati, al comando del cap. Vincenzo Dequal. Piloti e meccanici, tutti volontari, viaggiavano sotto falsa identità. Dopo uno scalo a Cagliari, la nave attraccò a Melilla il 14 agosto, dove il personale venne accolto dal console italiano. La decisione di inviare caccia CR.32 ai nazionalisti fu presa dopo che le autorità italiane furono informate della consegna di apparecchi Dewoitine D.372 e Potez 540 forniti da Parigi al governo di Madrid, il cui primo aereo atterrò a Prat de Llobregat il 7 agosto.

I CR.32, soprannominati "*Chirri*" (cavallette) dagli spagnoli, furono riassemblati a Nador e dipinti con i colori della forza aerea nazionalista: cerchi neri ai lati della fusoliera (introdotti dal generale Mola il 27 luglio), una croce di Sant'Andrea nera sul timone (introdotta l'8 agosto da Franco) e strisce nere sotto le ali. Si noti che la parte inferiore dell'ala superiore era originariamente decorata con tondi tricolori spagnoli (rosso-giallo-indaco), probabilmente per l'identificazione da parte delle forze navali internazionali che pattugliano lo stretto di Gibilterra. I 12 aerei formavano la 1.a *escuadrilla de caza del Tercio*. Il 17 agosto, il primo CR.32 ad essere riassemblato fece un volo di prova pilotato dal s.ten. Ceccherelli, che ottenne la prima vittoria aerea italiana nella guerra civile spagnola la sera del 21 agosto a spese del Nieuport Ni.52 C1 del capitano Antonio Martin-Luna Lesundi, il quale scortava i Potez 540 in un raid su Cordoba.

Nel frattempo, lo squadrone iniziò il suo trasferimento in Spagna continentale, al campo d'aviazione di Siviglia-Tablada, dove 3 CR.32 atterrarono il 18 agosto. Il 21 agosto, l'*Aviación del Tercio* aveva 8 S.81 e 7 CR.32 a Tablada, mentre un S.81 era in attesa di un motore di ricambio a Melilla e 5 CR.32 erano in fase di montaggio a Tetouan. Il 22 agosto, 2 S.81 bombardarono i depositi di carburante CAMPSA a Málaga: l'incendio durò diversi giorni. Il 24 agosto, un S.81 venne distrutto dall'esplosione di una bomba durante il carico a bordo, uccidendo 3 uomini. L'ultimo CR.32 della 1.a escuadrilla arrivò a Tablada il 27 agosto. Lo stesso giorno, i Fiat CR.32 affrontarono per la prima volta i Dewoitine D.372 sopra Guadix, abbattendo quello del tenente Antonio de Haro López.

Gli aerei italiani erano incessantemente attivi, sia nel supporto a terra per le truppe nazionaliste, sia attaccando obiettivi strategici in territorio repubblicano, sia cercando la superiorità aerea o attaccando le navi nemiche. Durante la notte tra il 27 e il 28 agosto, l'S.81 pilotato da Ettore Muti danneggiò l'incrociatore Cervantes alla fonda a Málaga.

▲ Ten. Ceccherelli che sbarca su un mulo a Talavera de la Reina nell'ottobre 1936. (crediti foto: famiglia Dequal)

Il 10 agosto la nave commerciale Aniene partì da La Spezia con 9 Fiat CR.32 a bordo, comandati dal tenente Dante Olivero. Mentre la bananiera ex Ebro, che era appena passata sotto bandiera italiana, faceva scalo a Cagliari, gli italiani decisero di sostituire il suo equipaggio spagnolo per paura che dirottassero la nave verso un porto repubblicano. Bloccato per una settimana a Cagliari, l'Aniene arrivò a Vigo, in Galizia, solo il 27 agosto con il suo carico di 9 CR.32. Aerei e personale furono trasferiti in treno a Siviglia per essere schierati sul campo di Tablada il 30 agosto per formare la 2ª *escuadrilla de caza del Tercio*.

Lo stesso 27 agosto, 3 CR.32 sotto il comando del ten. Monico vennero trasferiti a Cáceres, in Extremadura. Il 31 agosto, i CR.32 pilotati dal ten. Monico e dal sottufficiale Castellani furono abbattuti sopra Oropesa, non lontano da Madrid, in un combattimento con 3 Dewoitine D.372, un Hawker Furry e alcuni Nieuport Ni.52 della *escuadrilla España* (chiamata anche *escuadrilla Malraux*) con sede a Talavera de la Reina. Mentre Castellani riuscì a fare un atterraggio di emergenza nella terra di nessuno vicino a Villanueva de la Serena e riuscì a riguadagnare le linee nazionaliste a piedi, Monico fu catturato dai repubblicani e fucilato. Fu il primo pilota italiano a morire in questa guerra. La formazione italiana avrebbe dovuto essere completata dal 3 CR.32 guidato dal Cap. Dequal, ma furono costretti a fare un atterraggio di fortuna verso Portalegre, Portogallo, a causa di un errore di navigazione causato da un guasto alla bussola mentre erano in rotta verso Cáceres. Dopo questo episodio, Bonomi ordinò loro di volare in una formazione di almeno sei aerei.

Il 9 settembre, per appoggiare le truppe nazionaliste a difesa di Talavera de la Reina, 9 CR.32 della 1.a *escuadrilla Dequal* e 3 S.81 vennero inviati a Càceres. L'11 settembre, nello spazio di tre sortite, i CR.32 abbatterono sette aerei repubblicani: un Dewoitine 372, due Breguet XIX e quattro Ni.52. Questo episodio sarebbe all'origine del soprannome "*Cucaracha*" (scarafaggio in spagnolo) dato al gruppo di caccia di Dequal e dell'emblema adottato dall'aprile 1937 dalla caccia italiana in Spagna che rappresenta uno scarafaggio che indossa un fez rosso e suona un sassofono dal quale emerge un aereo repubblicano. Il combattimento fu seguito da terra dai legionari marocchini che, entusiasti dell'abilità dei piloti italiani, paragonarono le loro cavalcature all'agile insetto. Un'altra spiegazione è la popolarità della canzone rivoluzionaria messicana in Italia, soprattutto grazie al film "Viva Villa" presentato al Festival di Venezia del 1934.

Il 6 settembre, il futuro asso spagnolo Joaquin Garcia Morato Castaño entrò nell'*Aviación del Tercio*, seguito l'11 dal capitán Ángel Salas Larrazábal e il 15 dal tenente Julio Salvador Díaz Benjumea. Nonostante le vittorie sui repubblicani, il cui livello di addestramento dei piloti mercenari era molto più disparato, il numero di caccia Fiat diminuì a causa di perdite in combattimento, incidenti ed errori di navigazione. Il 17 settembre, 9 CR.32 rimasero a Càceres e 6 a Tablada, di cui solo alcuni operativi.

Il 24 settembre, i caccia italiani furono dislocati al campo d'aviazione del Prado del Arca (Talavera de la Reina) per fornire una copertura più efficace all'offensiva nazionalista per togliere l'assedio all'alcázar di Toledo. Il 25 settembre i CR.32 abbatterono due Ni.52, un Loire 46, un Breguet XIX e un Potez 540, mentre la forza aerea nazionalista perse uno Junkers 52. Il 27 settembre, i Fiat scortarono gli S.81 che erano andati a bombardare le posizioni dell'artiglieria repubblicana intorno a Toledo. Con la perdita di due Breguet XIX, un Potez 540 e un Dewoitine 372 tra il 27 e il 28 settembre, la forza aerea repubblicana fu costretta a sospendere quasi tutta l'attività per quindici giorni nel settore di Madrid.

Tuttavia, l'attacco repubblicano su Oviedo, nelle Asturie, costrinse i nazionalisti a ritardare la marcia su Madrid. Tra il 16 e il 17 ottobre, 3 CR.32 e 3 S.81 furono inviati nella provincia di León. In due giorni, gli S.81 distrussero sette aerei nel campo d'aviazione di Guajon e appoggiarono le colonne nazionaliste che riuscirono a togliere l'assedio di Oviedo il 17 settembre.

Il 12 ottobre il cargo Città di Messina, proveniente da La Spezia, attraccò a Cadice dove sbarcò

▲ Potez 540 "Aqui te espero" abbattuto da capitán Ángel Salas e serg.magg. Gianlino Baschirotto il 25 settembre 1936.

12 CR.32. Una volta riassemblati, i nuovi caccia furono incorporati nei due squadroni esistenti e inviati in due ondate di 6 a Talavera de la Reina il 18 e 21 ottobre. Cpl. Carlo Albero Maccagno prese formalmente il comando della 2ª escuadrilla de caza. Allo stesso tempo, 21 biplani da ricognizione IMAM Ro.37 arrivarono in Spagna: 10 furono sbarcati dall'Aniene a Vigo il 30 settembre e 11 a Siviglia il 20 ottobre. Sei Ro.37 furono consegnati alla forza aerea nazionalista, mentre gli altri formarono la 1ª e 2ª sq.OA sotto il comando del Cap. Raffaello Colacicchi e Sforza. La 1ª sq.OA iniziò ad operare dal campo d'aviazione di Talavera a metà ottobre.

Il 21 ottobre, il Magg. Tarciso Fagnani arrivò a Talavera per sostituire Dequal come comandante delle unità da combattimento. Il 3 novembre, ordinò il ridispiegamento dei 14 CR.32 operativi al campo d'aviazione di Torrijos, che era molto più discreto di Talavera ed era oggetto di frequenti attacchi aerei repubblicani, tra cui uno effettuato da 4 bombardieri sovietici Tupolev SB-2 il 28 ottobre in quella che fu la loro prima missione sul suolo iberico. L'arrivo degli aerei russi e dei loro piloti ben addestrati cambiò l'equilibrio di potere tra i repubblicani e i nazionalisti.

▲ Il generale José Millan Astray, comandante del Tercio, incontra il col. Bonomi e il Cpl. Dequal a Càceres il 24 settembre 1936. (crediti foto: famiglia Dequal)

ARRIVO DELLE PRIME UNITÀ DI TERRA ITALIANE

Trasportati insieme ai CR.32 del tenente Dante Olivero a bordo della bananiera Aniene, i primi 5 carri armati L3 italiani sbarcarono a Vigo il 27 agosto 1936. Inviati a Valladolid con il personale di addestramento italiano, formarono un plotone sotto il comando del tenente Julio Tomariz Martel Sabra. Dopo un mese di addestramento, furono impiegati sul fronte della Guipuzcoa, dove tra il 13 e il 15 settembre parteciparono all'occupazione di San Sebastian con le truppe del generale Mola.

Il 29 settembre, a Vigo, il piroscafo Città di Bengasi sbarcò altri 10 carri armati L3, compresi 3 lanciafiamme, 38 cannoni 65/17, 15 ufficiali, 149 sottufficiali e soldati, 4 camion, 4 apparecchi radio e un'automobile. Incorporate nel Tercio, queste forze diedero vita al Regg. Italo-Spagnolo su una compagnia di 15 carri L, 7 batterie di 65/17 su 4-6 cannoni ciascuna, divise in 2 gruppi, 3 sezioni anticarro di 65/17 su 2 cannoni ciascuna e un plotone radio.

Il 18 ottobre, questa unità mista fu rivista da Franco e dal generale Roatta prima di essere inviata al settore Torrijos-Talavera, ad eccezione della 7a e 8a btr. che andarono nella zona di Ávila.

Durante la marcia verso Madrid, le truppe miste furono assegnate al raggruppamento Yagüe, sull'ala sinistra della forza di José Enrique Varela. All'alba del 21 ottobre, il I° e II° gr. del 65/17 parteciparono alla preparazione dell'artiglieria, sparando le prime granate italiane della guerra civile. La compagnia di carri L3 attaccò le unità repubblicane nel settore di Valmojado e poi avanzò su Navalcarnero, 30 km a sud-ovest di Madrid, dove diverse centinaia di soldati repubblicani furono fatti prigionieri. Il 24 ottobre, la colonna di cavalleria del colonnello Monasterio Ituarte, appoggiata dall'*agrupación carros-artilleria* (cioè la compagnia di L 3 e un gruppo di 65/17), prese i villaggi di Borox e Esquivias, poi Seseña il 25 ottobre, tagliando la strada Madrid-Aranjuez.

La mattina del 29, i repubblicani contrattaccarono con l'appoggio di una compagnia di 15 veicoli corazzati sovietici T-26 comandati dal sindaco Paul Matisovitch Arman. All'inizio riuscirono a penetrare a Seseña prima di doversi ritirare sotto il fuoco dei cannoni 65/17 del I° Gr.

▲ I primi L3 arrivati in Spagna che viaggiano lungo Calle Loyola a San Sebastian nel settembre 1936.

Il piroscafo Città di Bengasi, che sbarcò il contingente italiano a Vigo il 29 settembre 1936.

Rodolfo Olivieri in posa sul suo CV 35 a Navalcarnero nell'ottobre 1936.

I nazionalisti persero un L3 mentre i repubblicani lasciarono sul terreno 3 carri armati, 2 dei quali furono recuperati la notte seguente.

L'avanzata nazionalista riprese il 31 ottobre. Il gruppo *Carros-Artillery*, assegnato alla colonna Asensio, prese Parla. Il 1° novembre, trasferito alla colonna Barrón, il gruppo raggiunse Fuenlabrada, che fu oggetto di un contrattacco repubblicano il 3, respinto con l'appoggio dei cannoni del I° Gr.

Le unità miste italo-spagnole parteciparono quindi alla prima battaglia di Madrid dal 7 al 9 novembre e poi alla seconda dal 15 in poi contro il campus universitario, in cui la compagnia di L 3 fu la prima unità nazionalista a penetrare. Il 26 novembre, essendo considerata conclusa la fase di addestramento delle unità miste, il personale italiano fu ritirato, lasciando l'equipaggiamento agli spagnoli. La terza offensiva contro Madrid, dal 29 novembre al 15 dicembre, fu un altro fallimento per i nazionalisti.

▲ Effetti di un bombardamento nazionalista sulla Puerta del Sol, Madrid, novembre 1936.

▲ Gruppo di miliziani in attesa di partire per Maiorca a Port Mahon nell'agosto 1936. (crediti foto: collezione Branguli su *abc.es*)

IL CASO DELLE BALEARI

Nelle isole Baleari, la rivolta del 18 luglio 1936 fu un successo a Maiorca e Ibiza, mentre Minorca rimase fedele al governo. Come punto strategico per il controllo del traffico nel Mediterraneo occidentale e tra la Francia e l'Africa, le Baleari erano un elemento importante per la politica italiana nella regione.

Tuttavia,la questione non era semplice, perché, con il controllo di Minorca, le forze repubblicane avevano una base aerea navale, mentre gli insorti non potevano aspettarsi alcun sostegno dalla terraferma perché i repubblicani nel settore erano avvantaggiati sia in mare che in aria. Dal 23 luglio, l'*Aeronáutica Naval*, la cui maggioranza rimase fedele al governo, bombardò le isole controllate dai nazionalisti dalla Catalogna e Minorca con 11 Savoia S.62, 4 Dornier Wals e i pochi Macchi M.18 operativi.

Sapendo di non poter resistere ad uno sbarco delle forze lealiste, gli insorti di Maiorca chiesero aiuto all'Italia. Il 2 agosto, Juan Thomas e Martin Pon Rodelló lasciarono l'isola su una nave tedesca diretta a Roma. Anche se i loro primi tentativi non ebbero successo, le cose cambiarono dopo che l'Italia ottenne il consenso ufficioso britannico di inviare aiuti militari alle Baleari, l'ambasciatore italiano a Londra, Dino Grandi, avendo convinto l'influente Winston Churchill che Roma non aveva pretese territoriali sull'arcipelago. Così, Thomas e Pon riuscirono a raggiungere un accordo il 13 agosto per l'acquisto di 3 idrovolanti Savoia S.55, 3 caccia Fiat CR.32, 3 batterie antiaeree da 20 mm e munizioni.

Nel frattempo, due formazioni navali repubblicane salparono da Valencia e Barcellona il 7 agosto. Portavano una forza di spedizione di 2.000 uomini per il primo e 6.000 per il secondo, comandati rispettivamente dal capitano della Guardia Civil Manuel Ulibarri e dal capitano Alberto Bayo

▲ La corazzata *Jaime I* a Tenerife il 5 maggio 1936. Sostenne lo sbarco repubblicano a Maiorca in agosto.

Giroud. La formazione partita da Valencia occupò l'isola di Formentera l'8 agosto e Ibiza il 9, mentre i 6.000 uomini di Bayo sbarcarono tra Cuevas del Drach e Porto Cristo, sulla costa orientale di Maiorca, il 16 agosto, dopo una sosta a Port Mahon per preparare l'assalto. Erano supportati dagli aerei dell'Aeronáutica Naval, la corazzata Jaime I, l'incrociatore Libertad, i cacciatorpediniere Almirante Miranda e Almirante Antequera, i sommergibili B-2, B-3 e B-4 e navi di supporto. Ben presto i repubblicani occuparono una testa di ponte larga 30 km e profonda 5 km.

Gli insorti avevano bisogno di un sostegno immediato per tenere Maiorca. Appena arrivati sull'isola il 19 agosto, i 3 S.55 X del 31° Stormo comandati dal tenente Petrali e provenienti da Orbetello via Cagliari bombardarono la testa di ponte repubblicana e le navi appoggio, danneggiandone due. Il 21 agosto, sette S.62 dell'aviazione repubblicana di Port Mahon (Minorca) danneggiarono l'S.55 di Petrali mentre era alla fonda nella baia di Palma. Per evitare la stessa sorte, gli altri due S.55, ormai privi di munizioni, tornarono a Orbetello il 26 agosto, mentre le riparazioni sul terzo aereo furono completate il 9 settembre.

Dopo una pausa dovuta all'azione degli S.55, i repubblicani ripresero la loro avanzata il 23 agosto prima di fermarsi il 26 per riorganizzarsi, quando erano quasi pronti a sfondare le linee nazionaliste. Il governatore militare dell'isola, Coronel Díaz de Freijó, non credeva nelle possibilità di resistenza dei suoi 5.000 uomini e voleva negoziare con i repubblicani. Ma il capo locale della Falange, Alfonso de Zayas y de Bobadilla, che voleva credere nel successo degli insorti, chiese a Sainz Rodriguez di inviare un consigliere militare italiano. Questa richiesta fu sostenuta il 24 agosto dal C.F. Carlo Margottini, comandante del cacciatorpediniere Malocello, che era arrivato a Palma di Maiorca il 16 agosto per dare il cambio al Maestrale. Ufficialmente, la presenza delle navi italiane era giustificata dalla protezione dei cittadini italiani sull'isola. La sera del 19 agosto, la forza navale italiana fu completata dall'arrivo dell'incrociatore Fiume.

Mussolini, consapevole dell'importanza strategica dell'arcipelago per l'Italia, e allo stesso tempo ansioso di non offendere Franco, scelse di inviare lo squadrista Arconovaldo Bonacorsi, membro della MVSN, piuttosto che un ufficiale dell'esercito. Bonacorsi, soprannominato Conde Rossi dagli spagnoli, arrivò a Maiorca il 26 agosto 1936 a bordo di un Cant Z.506, accompagnato dal Mag. Leone Gallo, che prese il comando delle forze aeree. Dopo un incontro con Zayas, Bonacorsi formò un'unità di volontari chiamata "Los Dragones de la Muerte" e guidò incursioni contro la testa di ponte repubblicana a Porto Cristo e San Severa. La sera del 27 agosto, la nave da carico Emilio

▲ L'S.55 X del ten. Petrali in riparazione a Maiorca.

▲ Arconovaldo Bonacorsi, il membro della MVSN scelto da Mussolini per essere consigliere militare a Maiorca.

▼ I Macchi M.41 appena assemblati sulla banchina del porto di Palma de Mallorca alla fine di agosto 1936. L'insegna nazionalista non è ancora stata apposta sulla fusoliera e sulla pinna (photo credits: Aymeric Lopez collection).

Morandi, con danni, attraccò a Palma di Maiorca. Aveva a bordo 3 Fiat CR.32, 3 Macchi M.41 bis, 300 uomini e 12 cannoni Breda 20/65. Sbarcati durante la notte, i caccia furono trasportati al campo d'aviazione di Son San Juan situato a 8 km dal porto e il primo fu rimontato in poche ore. Il 28 agosto alle 12:30, il serg. Guido Carestiato decollò con il CR.32, che era stato alzato durante la notte, per mitragliare le truppe repubblicane e i 6 S.62 ancorati a Cala Morlanda. Danneggiò quattro di loro prima di abbatterne un quinto vicino a Punta Amer, mentre un'ora dopo, il Cpl. De Agostinis, a bordo dello stesso CR.32, attaccò 2 S.62 subito dopo il loro decollo nella baia di Porto Cristo. Uno di loro riuscì a fuggire mentre l'altro fu costretto a fare un atterraggio di fortuna. Tutti gli aerei sbarcati dal Morandi erano operativi dopo due giorni e da allora effettuarono una serie di missioni contro la testa di ponte repubblicana e obiettivi navali.

Il 30 agosto, 3 Savoia S.81 comandati dal ten. Palazzolo furono schierati a Palma di Maiorca per effettuare incursioni contro Minorca e la costa catalana. La sera del 1 settembre, i tre motori danneggiarono il transatlantico Marqués de Comillas che dovette essere rimorchiato a Port Mahon. Il giorno dopo, la città di Cadice fu colpita al largo di Punta Amer. Il 3 settembre, un M.41 e un S.81 attaccarono il sottomarino B-3 che stazionava da alcuni giorni davanti a Maiorca per informare i repubblicani dei movimenti delle truppe nazionaliste. Anche se danneggiato, il sottomarino riuscì ad immergersi per evitare l'attacco.

Durante la notte tra il 3 e il 4 settembre, Alberto Bayo cominciò a ritirare le sue truppe dalla testa di ponte, coperta dall'artiglieria del Jaime I e della Libertad. Anche se Bonacorsi avrebbe potuto rivendicare il merito della ritirata repubblicana, essa fu in gran parte dovuta all'attività dell'aviazione italiana e all'impazienza del governo repubblicano per la mancanza di risultati a Maiorca, quando aveva bisogno di rinforzi per contrastare l'offensiva nazionalista nella valle del Tago. I repubblicani evacuarono Cabrera il 12 settembre, Ibiza il 14 e Formentera.

Il ritiro dei repubblicani costrinse Ciano ad abbandonare il suo desiderio di interferire negli affari politici di Maiorca e a rinunciare all'occupazione di Minorca, per paura della reazione di Londra. Bonacorsi fu costretto a tornare a Roma nel dicembre 1936, lasciando a Maiorca una pessima immagine di sé per essere stato complice degli atti repressivi della Falange. Più di 1.000 oppositori vennero messi a morte senza processo, o dopo un processo fasullo. Roma, consapevole di queste azioni, permise che ciò avvenisse.

▲ Personale e mascotte dell'unità di caccia delle Baleari davanti ai CR.32 a Son San Juan nel settembre 1936 (crediti fotografici: Aeronautica Militare)

▲ I repubblicani S.62 mitragliati dai Fiat CR.32 e spiaggiati a Porto Cristo (crediti fotografici: collezione Aymeric Lopez)

▼ Il sergente Guido Carestiato davanti a un CR.32 al campo d'aviazione di Son San Juan tra la fine di agosto e l'inizio di settembre 1936. Il pipistrello dipinto sulla fusoliera viene dallo stemma di Palma di Maiorca.

▲ Personale italiano in posa davanti a un cannone Breda 20/65 nel porto di Palma di Maiorca (foto: coll.Aymeric Lopez).

▼ Savoia S.81 in volo su Maiorca nel settembre 1936. (Crediti fotografici: Aeronautica Militare)

II – AUMENTARE L'AIUTO ESTERNO

Dopo la formazione delle brigate internazionali e l'intervento diretto dell'URSS nel conflitto a fianco della repubblica, l'appoggio italiano ai nazionalisti si intensificò sull'aria, per terra e per mare.

INGRESSO SOVIETICO E MAGGIORE COINVOLGIMENTO ITALIANO

Al momento dell'insurrezione del luglio 1936, l'URSS adottò una posizione molto cauta, poiché Stalin temeva che un intervento russo avrebbe rovinato i suoi sforzi di stringere legami più stretti con la Francia e l'Inghilterra per frenare l'imperialismo tedesco.

Inizialmente lasciò che il Comintern gestisse l'aiuto umanitario ai repubblicani, limitandosi a raccogliere informazioni per valutare la situazione. Trotsky, allora in esilio, accusò Stalin di aver tradito la rivoluzione spagnola. Dopo la visita di una delegazione del PCE a Mosca alla fine di agosto, il padrone del Cremlino decise di intervenire attivamente nel conflitto spagnolo, consapevole che rimanendo in disparte, l'URSS avrebbe perso credibilità presso i partiti comunisti stranieri.

Il 21 agosto 1936, Marcel Rosenberg, ex vice segretario della SoN, fu inviato a Madrid come ambasciatore sovietico. Era accompagnato da molti ufficiali dell'Armata Rossa, tra cui il generale Ian Karlovich Berzin, ex capo dei servizi segreti, Vladimir E. Goriev, addetto militare, Nikolai Kuznetsov, addetto navale, e Yakov Smushkevich come consigliere delle forze aeree. Mikhail Koltsov, un noto corrispondente della Pravda, e i cineasti Roman Karmen e Boris Makadeyev furono inviati nella zona per pubblicizzare il conflitto in URSS. In seguito alle informazioni fornite dall'NKVD sulla situazione critica della repubblica, le autorità militari sovietiche preparano un piano di aiuti

▲ Arrivo dei legionari italiani a Cadice a bordo della nave di linea Lombardia il 1° gennaio 1937. Collezione Bruno Dalpiaz.

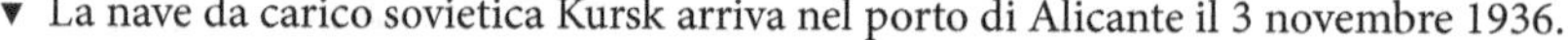

▲ Largo Caballero parla ai miliziani nella sierra di Guadarrama. Le sue visite su questo fronte gli valsero una grande popolarità e lo aiutarono a diventare presidente del Consiglio il 4 settembre 1936. (Crediti fotografici: Archivos Estatales)

▼ La nave da carico sovietica Kursk arriva nel porto di Alicante il 3 novembre 1936.

di emergenza chiamato Operazione X, che viene completato il 14 settembre. Il 13 settembre, Juan Negrín, ministro delle finanze del governo spagnolo guidato da Largo Caballero dal 4 settembre, approvò un decreto che lo autorizzava a prendere le misure necessarie per salvaguardare l'oro della Banca di Spagna. Inizialmente trasferite a Cartagena, le riserve d'oro e d'argento furono poi inviate all'URSS, per un totale di 510 tonnellate di metalli preziosi del valore di 518 milioni di dollari ai prezzi del 1936. Questa somma, scaricata a Odessa il 2 novembre, doveva servire a pagare tutti gli aiuti forniti da Mosca, che erano stati molto esagerati e certo non valevano questa garanzia. Il 26 settembre, un primo cargo carico di armi e munizioni, il Campeche, lasciò Feodosia per Cartagena dove attraccò il 4 ottobre. Il 12 ottobre, la nave da carico Komsomol sbarcò 50 carri armati T-26 a Cartagena. Da ottobre in poi, l'aiuto materiale sovietico alla repubblica fu massiccio, così che al 20 dicembre la forza aerea repubblicana poteva contare su 30 Tupolev SB-2 Katiuska, 31 Polikarpov R.5 Rasante, 40 Polikarpov I-15 Chato e 31 Polikarpov I-16 Mosca. Nell'ultimo trimestre del 1936, 106 carri armati T-26, 40 cannoni semoventi FAI, BA-3 e BA-6 sbarcarono ad Alicante e Cartagena. In seguito all'intervento dell'URSS dalla parte della repubblica, l'Italia e la Germania furono costrette a rivedere la loro politica di aiuto ai nazionalisti, che fino ad allora era rimasta piuttosto limitata e prudente. In termini di relazioni internazionali, la situazione era piuttosto delicata, poiché i tre paesi, insieme alla Francia e all'Inghilterra, erano membri del comitato di non intervento. Come abbiamo già visto, l'incontro tra Hitler e Ciano a Berchtesgaden il 24 ottobre 1936 portò a un rafforzamento dell'aiuto dato da Berlino e Roma ai nazionalisti. Il riconoscimento del governo di Franco il 18 novembre, su iniziativa della Germania, non lasciava dubbi sul fatto che Mussolini e Hitler erano pienamente impegnati con il Caudillo.

Il 28 novembre, l'Italia firmò un accordo segreto con i nazionalisti, di cui la Germania fu immediatamente informata.

Nonostante le riserve di Hitler, Mussolini decise nella riunione del 6 dicembre a Palazzo Venezia di inviare unità operative in Spagna. Erano presenti i tre capi di stato maggiore (Gen. Pariani per l'Esercito, Amm. Cavagnari per la Marina e il gen. Valle per l'Aeronautica), il gen. Roatta, tornato dalla Spagna per l'occasione, Ciano e il Konteradmiral Canaris per la Germania. Questa riunione ebbe luogo dopo il fallimento della seconda offensiva nazionalista su Madrid e mentre la terza, che era in corso da otto giorni, non mostrava alcun segno di giungere a una conclusione favorevole agli insorti. Roatta era consapevole che le forze nazionaliste non erano sufficienti per spezzare i repubblicani. La *Junta de defensa* organizzata dal generale Miaja era riuscita a mettere insieme una solida difesa della capitale, aiutata dall'entrata in

▲ Il generale José Miaja, incaricato della difesa di Madrid. (crediti foto: Archivos Estatales)

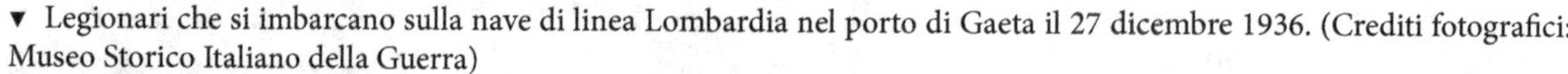

▲ Addestramento preliminare dei volontari a Cava dei Tirreni tra il 7 e il 27 dicembre 1936. (Crediti fotografici: Archivio Storico Provinciale di Bolzano).

▼ Legionari che si imbarcano sulla nave di linea Lombardia nel porto di Gaeta il 27 dicembre 1936. (Crediti fotografici: Museo Storico Italiano della Guerra)

▲ Legionari della 3ª cp. del 535 bis btg. Tempesta della Div. *Dio lo vuole* sul rimorchiatore che li porta a bordo della Lombardia nel porto di Gaeta il 27 dicembre 1936. (Crediti fotografici: Museo Storico Italiano della Guerra).

▼ Vista di Cadice dalla poppa della Lombardia il 1° gennaio 1937. (Crediti fotografici: Museo Storico Italiano della Guerra)

scena delle brigate internazionali formate dal Comintern. Mussolini, irritato dalla condotta delle operazioni di Franco, che considerava troppo timida, voleva accelerare il ritmo per concludere la guerra il più rapidamente possibile.

Di conseguenza, il verbale della riunione del 6 dicembre specificò le misure da prendere per rafforzare l'aiuto dell'Italia ai nazionalisti: in primo luogo, combattere il traffico marittimo verso i porti repubblicani con mezzi navali e aerei, e in secondo luogo, rafforzare il supporto aereo alle truppe di terra. Se questi due punti furono concordati all'unanimità tra Roma e Berlino, la questione delle unità terrestri era più delicata. Mentre Roma voleva inviare due divisioni, una italiana e una tedesca, questa proposta trovò poco sostegno a Berlino, tranne che da Göring. La Germania si preoccupava principalmente dei benefici economici della guerra e non voleva danneggiare lo sforzo di riarmo che aveva intrapreso dirottando troppo materiale nella penisola iberica. Tuttavia, Mussolini decise comunque di andare da solo sul tema dell'invio di un corpo di spedizione. Lo stato maggiore italiano voleva rinunciare all'invio di rinforzi a spizzichi e bocconi e chiedeva un intervento massiccio per poter influenzare la condotta delle operazioni. Anche se c'erano ancora molte differenze di opinione alla fine della riunione del 6 dicembre, essa chiarì la divisione dei compiti tra le forze aeree tedesche e italiane. Il primo doveva concentrarsi sul bombardamento, mentre il secondo doveva garantire la superiorità aerea e le operazioni sulle isole Baleari.

Il 7 dicembre, Mussolini nominò Roatta al comando di tutte le forze terrestri e aeree italiane in Spagna, eccetto le Baleari. Va notato che in tutte le questioni relative all'intervento in Spagna, Pietro Badoglio, capo dello Stato Maggiore, continuò ad essere tenuto fuori da ogni decisione venendone informato solo del minimo necessario. Lo stesso giorno, Roatta informò il capo di stato maggiore della MMIS, il col. Emilio Faldella, della volontà di Roma di inviare ufficiali, sottufficiali e uomini

▲ Strada di Cadice che porta al Cuartel d'Infanteria, utilizzata il 2 gennaio 1937 dai legionari che sbarcano dalla Lombardia. (Crediti fotografici: Museo Storico Italiano della Guerra)

arruolati in Spagna per addestrare e supervisionare unità miste italo-spagnole. Poiché la mole di lavoro necessaria per formare queste unità per l'operazione OMS andava ben oltre le possibilità di un gabinetto ministeriale, lo SMRE fu incaricato di organizzare i trasporti, raccogliere i rifornimenti, gestire le paghe, redigere i regolamenti amministrativi, occuparsi della questione delle comunicazioni con le famiglie dei morti e dei feriti e della censura. Il 9 dicembre, Faldella presentò a Franco la proposta italiana per la formazione delle unità miste.

Anche se non era molto entusiasta, Franco non poteva rifiutare, dato che le unità miste di livello inferiore avevano ottenuto ottimi risultati nelle operazioni di novembre intorno a Madrid.

Inizialmente, Franco chiese che l'Italia si limitasse ad inviare comandanti di compagnia e di plotone in modo che le unità di livello superiore fossero comandate da spagnoli. Ma il 15 dicembre, l'Italia ottenne che i comandanti di brigata e alcuni comandanti di reggimento e di battaglione fossero italiani. Il 10 dicembre, mentre erano in corso le trattative, Mussolini ordinò al capo della sezione "S" del Ministero degli Affari Esteri, l'ambasciatore Pietromarchi, di inviare al più presto 3.000 volontari nella penisola iberica. Fu compito di Faldella dare la notizia a Franco, che non nascose il suo dispiacere per non essere stato coinvolto nella decisione, ma accettò comunque l'offerta e decise di distribuire questi volontari tra le *banderas* del *Tercio Extranjero* e i reggimenti di fanteria spagnoli. Franco non poteva permettersi di rifiutare l'aiuto di Mussolini: sapeva che aveva urgente bisogno di uomini per l'offensiva su Madrid. Ma allo stesso tempo, non voleva dare l'impressione di essere agli ordini della Germania e dell'Italia. Il 25 dicembre, le formazioni della Falange e dei *requetès* furono poste sotto gli ordini dei comandi militari, che imposero loro la stessa disciplina e le stesse regole in vigore nelle unità regolari dell'esercito nazionalista. Il 12 dicembre, al suo ritorno dall'Italia, Roatta parlò con Franco. Insieme decisero di costituire due brigate miste italo-spagnole. Quanto ai 3.000

▲ Folla che saluta i legionari sulla rotta Cadice-Siviglia-Huelva il 5 gennaio 1937. (Crediti fotografici: Museo Storico Italiano della Guerra)

volontari voluti da Mussolini, sarebbero stati inseriti in compagnie autonome del Tercio. Per ciascuna delle due brigate miste, l'Italia doveva fornire 130 ufficiali, 150 sottufficiali e 1.600 soldati, la maggior parte dei quali specializzati. Il 18 dicembre, i primi 3.446 volontari del CCN si imbarcarono sulla nave di linea Lombardia nel porto di Gaeta. Le motivazioni dei volontari erano ideologiche, poiché i nazionalisti erano visti, attraverso la propaganda, come un baluardo contro il comunismo e l'anarchia, ma anche per il guadagno finanziario, il gusto dell'avventura e, per gli ufficiali, per la promozione. Il 14 gennaio 1937, Hermann Göring arrivò a Roma per discutere il modo di aiutare Franco. Durante l'incontro a Palazzo Venezia con Mussolini, Ciano, Pariani, Cavagnari e Valle, entrambe le parti riaffermarono la loro volontà di sostenere i nazionalisti, pur limitando il loro contributo per non portarlo a un conflitto europeo. Göring assicurò loro che la Germania avrebbe fornito più equipaggiamento e personale specializzato, ma non truppe da combattimento. Mussolini era combattuto tra il suo desiderio di vedere le truppe tedesche sostenere i nazionalisti e la sua paura della crescente influenza del Reich nel Mediterraneo. Alla fine, fu il secondo sentimento a prevalere, e il Duce non insistette per avere truppe da Göring. I due uomini decisero di informare Franco delle decisioni prese durante questa riunione, compreso un inventario delle truppe e dell'equipaggiamento che sarebbero stati inviati a breve. Se il flusso di rinforzi inviati dall'Italia rimase piuttosto basso fino al novembre 1936, le cose si accelerarono a partire dalla metà di dicembre.

Tra il 18 dicembre 1936 e il 18 febbraio 1937 arrivarono in Spagna ben 48.823 volontari, di cui 29.006 della MVSN e 19.817 dell'Esercito. L'invio di un numero così grande di uomini nello spazio di due mesi era motivato dalle discussioni in corso all'interno del Comitato di Non Intervento sulla questione dei volontari stranieri.

FORMAZIONE DELLE PRIME UNITÀ DI TERRA ITALIANE

Il 27 dicembre 1936, Roatta chiese a Franco l'autorizzazione a formare battaglioni (banderas) esclusivamente italiani. Anche se il Caudillo era contrario all'uso di unità straniere per non rivendicare la propaganda repubblicana, fu costretto ad accettare, data la necessità imperativa dell'esercito nazionalista di formare riserve. Con la costituzione delle unità italiane, Mussolini si mise in condizione di avere più influenza sulle decisioni del comando nazionalista. I 49.000 uomini, tutti volontari, inviati in Spagna tra dicembre 1936 e febbraio 1937 permisero di formare cinque brigate, la divisione di fanteria Volontari del Littorio e varie unità minori. I soldati erano accompagnati da una grande quantità di attrezzature, soprattutto perché le bestie da soma erano state sostituite da veicoli. Per il loro trasporto, la Regia Marina noleggiò otto navi di linea già utilizzate per l'invasione dell'Etiopia (Calabria, Liguria, Lombardia, Sannio, Sardegna, Sicilia, Tevere e Toscana), tre navi da carico (Antonietta, Ernani e Lodoletta), la nave ospedale Helouan e 31 navi da carico già noleggiate dalle Ferrovie dello Stato e utilizzate per il trasporto di carbone dal Nord Europa. Il primo gruppo di volontari fu riunito nel gruppo battaglioni CC.NN. speciali nelle vicinanze di Napoli il 7 dicembre 1936 per un breve periodo di addestramento preliminare. Il primo gruppo di 3.446 uomini imbarcati a Gaeta fu estratto da questo gruppo e immediatamente sostituito. Arrivando a Cadice il 22 dicembre, questi primi volontari formarono la I brg. volontari comandata dal gen. Rossi. Il secondo gruppo di 3.508 uomini, trasportato dal Lombardia e sbarcato a Cadice il 1° gennaio 1937, partecipò alla creazione della II brg. volontari sotto il comando del gen. Coppi e la III brigata volontari del gen. Nuvolini. Terminata l'attività addestrativa, e dopo aver rinnovato più volte il personale a causa delle partenze, il CC.NN. speciali battaglioni fu sciolto il 5 febbraio 1937.

▲ Personale di terra e Fiat CR.32 all'aeroporto di Torrijos nel 1936. (Crediti fotografici: famiglia Bolesani)

▼ Formazione CR.32 da La Cucaracha nel settore di Madrid nel novembre 1936. (crediti foto: famiglia Dequal)

L'ASCESA DELLA FORZA AEREA

Come visto in precedenza, la prima azione di aerei sovietici in Spagna fu realizzata il 28 ottobre 1936 da quattro bombardieri Tupolev SB-2 del gruppo n.°12, che attaccarono il campo d'aviazione di Tablada. Questi aerei moderni avevano una velocità massima superiore a quella dei Fiat CR.32, che dovettero quindi implementare una nuova tecnica di intercettazione. Il giorno dopo, tre CR.32 attaccarono tre SB-2 in picchiata vicino a Valdemoro. Il pilota nazionalista Salas affermò di aver abbattuto un bombardiere, cosa che sembrava essere confermata dagli osservatori a terra.

Il 2 novembre, un'incursione di 10 SB-2 su Talavera danneggiò 6 CR.32 e il Magg. Fagnani decise di ridispiegare 14 CR.32 a Torrijos il giorno dopo. Anche il 2 novembre, lo s.ten. Mantelli e il m.llo Sozzi abbatterono un SB-2 della 2ª escuadrilla SB con base a San Clemente nella zona di Murcia. Questa fu la prima vittoria italiana confermata contro questo tipo di aerei, ottenuta grazie alla quota di 5.000 m da cui i Fiat attaccarono il loro bersaglio situato 2.000 m più in basso.

Il 3 novembre, l'Aniene arrivò a Siviglia dopo aver risalito il Guadalquivir per scaricare 21 CR.32 e 4 Ro.37. I nuovi combattenti formano la 3a *escuadrilla de caza* sotto il comando del cap. Mosca. Formata a Tablada, la squadriglia raggiunse Torrijos il 9 novembre, unendosi ai 18 CR.32 allora operativi in questo aeroporto. Le 2 squadriglie che vi si riunirono permisero la costituzione di un gruppo di caccia formato l'11 novembre e comandato dal magg. Tarcisio Fagnani. Per quanto riguarda la 1a escuadrilla del cap. Dequal rimase basata a Siviglia-Tablada con 11 CR.32 operativi.

Il 4 novembre, il CR.32 del Cpl. Dequal e Sgt. Magistrini erano di pattuglia sul campo d'aviazione di Getafe, vicino a Madrid, per coprire le truppe nazionaliste. Inseguendo due SB-2, la Fiat arrivò al campo d'aviazione di Cuatro Vientos proprio mentre uno squadrone di Polikarpov I-15 tornava da una parata su Madrid. Gli italiani riuscirono a liberarsi, ma mentre passavano sopra le linee nazionaliste, Dequal notò un solitario Ro.37 bis in lotta con 7 Polikarpov I-15 comandati dal Kapitan Pavel Richagov. L'intervento dei biplani Fiat salvò il Ro.37 bis, ma i due caccia furono abbattuti. Dequal si lanciò con il paracadute nelle linee repubblicane e riuscì a tornare nel territorio sotto il controllo nazionalista. Magistrini, invece, fu ucciso nella prima battaglia tra gli aviatori italiani e i biplani sovietici I-15.

▲ S.81 del Col. Bonomi danneggiato dall'attacco dell'SB-2 al campo d'aviazione di Talavera de la Reina il 25 novembre 1936. (Crediti fotografici: Museo Caproni)

▲ Tupolev SB-2 danneggiato al campo d'aviazione nazionalista di Logroño-Agoncillo nel 1936. (Crediti fotografici: collezione Fernando Pina Rubio)

▼ Avvio di un Polikarpov I-15 repubblicano utilizzando un Ford V8 dotato di un compressore. (Crediti fotografici: collezione Patrick Laureau)

▲ Ro.37 bis dell'Aeronautica Nazionale. (Crediti fotografici: famiglia Anderle)

▼ Bombardamento vicino al ponte di Toledo, Madrid, novembre 1936. Il camion sulla destra è uno ZiS-5.

Il 5 novembre, 9 CR.32 comandati dal caporale Carlo Albero Maccagno in missione di scorta per 3 Ro.37 bis furono attaccati da 15 I-15 vicino a Leganés. Maccagno fu abbattuto ma riuscì a paracadutarsi su Madrid. Fu ferito alla gamba e dovette essere amputato. Sul lato opposto, due I-15 non tornarono alla loro base: quello del tenente Mitrofanov, il primo pilota sovietico ad essere ucciso in Spagna, e un secondo aereo distrutto mentre tentava un atterraggio di fortuna sul *paseo de la Castellana.*

Il 10 novembre, un nuovo avversario apparve nei cieli di Madrid: il caccia monoplano Polikarpov I-16. I CR.32 lo affrontarono per la prima volta il 15 novembre: 15 biplani italiani affrontarono 4 I-16 e abbatterono l'aereo di Vladimir N. Vzorov. Nonostante la sua maggiore velocità, il monoplano Polikarpov non aveva la manovrabilità del CR.32, i cui piloti si impegnavano nel combattimento in cerchio. Tuttavia, l'arrivo degli I-15 e I-16 nei cieli spagnoli segnò la fine della superiorità tecnologica del CR.32.

Il 19 novembre ebbe luogo una massiccia incursione contro il settore universitario di Madrid, con 4 S.81, 18 Ju 52 e 12 Ro.37 scortati da 16 CR.32 e 9 He 51. La formazione nazionalista fu attaccata da I-15 e I-16 che affermarono di aver distrutto 3 Ju 52 e 3 caccia. In realtà, solo un Ju 52 fu abbattuto. I nazionalisti rivendicarono 7 vittorie, mentre le perdite repubblicane furono un I-16 e un I-15 abbattuti, entrambi attribuiti a caccia italiani. Gli scontri aerei su Madrid erano quotidiani, e le rivendicazioni di entrambe le parti erano quasi sempre esagerate.

Il 25 novembre, il campo di Talavera fu attaccato dall'artiglieria repubblicana al mattino e da 6 SB-2 nel pomeriggio, che danneggiarono seriamente l'S.81 a Col. Bonomi e 2 Ro.37. Di conseguenza, 6 Ro.37 furono riassegnati a Cáceres. Fu anche intrapresa la costruzione di un nuovo campo d'aviazione a Velada, 15 km a ovest di Talavera. Man mano che la difesa antiaerea di Madrid diventava più potente, gli attacchi Ju 52 e S.81 erano sempre più effettuati di notte.

▲ Gli aviatori italiani si godono un pranzo il 25 dicembre 1936 a Tablada. (photo credits: Dequal family)

▲ Polikarpov I-15 Chato della forza aerea repubblicana.

▼ Magg. Prospero Nuvoli al centro e il Cap. Dequal a destra a Tablada nel dicembre 1936. (Crediti fotografici: famiglia Dequal)

Il 2 dicembre, il nuovo campo d'aviazione di Velada fu preso di mira da un raid di 18 R-5 Polikar-pov che danneggiarono 3 S.81. I 2 CR.32 della pattuglia di sorveglianza, compreso quello del s.ten. Cenni, riuscirono a decollare e ad abbattere 3 degli attaccanti. Il 4 dicembre, 2 R-5 di ritorno da un attacco al campo d'aviazione di Navalmoral furono abbattuti sopra Torrijos da CR.32, uno dei quali era pilotato dal sergente Baschirotto.

Il 5 dicembre, le escuadrillas 2a e 3a furono trasferite a Barcience, solo pochi chilometri a est di Torrijos ma con una pista migliore. Il 5 e 6 dicembre, i CR.32 scortarono i Ro.37 che operavano nel settore di Casa de Campo. In questa occasione, 2 I-16 e un I-15 furono abbattuti mentre il CR.32 del Sgt. Il CR.32 di Ferrari è stato colpito e costretto a un atterraggio di fortuna.

Il 20 dicembre, un combattimento tra Fiat CR.32 e Polikarpov I-15 portò alla perdita di tre di questi ultimi. Il giorno dopo, il col. Bonomi tornò in Italia e fu sostituito dal Col. Vicenzo Velardo come capo della forza aerea italiana in Spagna. Il 28 dicembre 1936, l'*Aviación del Tercio* cessò di esistere e fu sostituita dall'Aviazione Legionaria.

▲ Personale di terra italiano e spagnolo in posa davanti a un CR.32. (crediti foto: famiglia Comelli)
▼ Polikarpov I-16, soprannominato "Mosca" dai repubblicani e "Rata" dai nazionalisti.

INTERVENTO NAVALE

Fin dall'inizio, la marina italiana giocò un ruolo decisivo nel conflitto spagnolo. A partire dal 30 settembre fu istituita una missione di scorta alle navi transatlantiche italiane in transito per Gibilterra, che giustificò il dispiegamento di unità della Regia Marina a Tangeri. Le prime sortite furono effettuate dall'incrociatore leggero Bande Nere e dai cacciatorpediniere Pancaldo e Da Recco, questi ultimi furono sostituiti rispettivamente dal Pigafetta e dal Da Mosto il 4 ottobre. Il giorno prima, il Bande Nere era stato sostituito dal Da Barbiano che portava con sé un'unità del btg. San Marco che doveva rimanere a Tangeri per più di un anno.

Oltre alle navi incaricate di proteggere il traffico nello stretto di Gibilterra, l'Italia inviò navi nei principali porti in mano ai repubblicani per proteggere i suoi cittadini e le missioni diplomatiche. Gli incrociatori Di Giussano e Pola furono inviati a Barcellona, quest'ultimo arrivò il 5 settembre e partì l'11 settembre per Palma di Maiorca, dove rimase fino al 3 ottobre. Il Di Giussano venne sostituito dal Colleoni, che attraccò a Barcellona la mattina del 6 settembre. L'11 settembre fu raggiunta dall'Usodimare per sostituire il Pessagno. L'Usodimare lasciò la capitale catalana il 29 settembre, mentre il Di Giussano tornò a La Spezia il 4 ottobre. Fu sostituito dall'Eugenio di Savoia, che era arrivato due giorni prima. Ad Alicante, la Regia Marina impiegò il vecchio incrociatore leggero Quarto dal 9 settembre. In seguito alle minacce al consolato italiano di Almeria, il cacciatorpediniere Da Verazzano, che era arrivato ad Alicante il 16 ottobre, vi fu inviato tra il 23 e il 25 ottobre. Durante questi due giorni, il comandante, C.F. Gaetano Catalano Gonzaga, ottenne assicurazioni che il consolato non sarebbe stato occupato. Dopo aver preso a bordo 14 italiani, un tedesco e un prigioniero politico spagnolo, la nave fece una breve sosta nel porto di Cartagena per informare l'Amm.Div. Vittorio Tur, comandante delle unità navali italiane in Spagna, sullo stato della flotta repubblicana. Anche se la protezione e, se necessario, l'evacuazione dei cittadini erano buoni pretesti per inviare navi militari in Spagna, la presenza delle navi della Regia Marina permetteva di raccogliere infor-

▲ Squadriglia internazionale ancorata a Tangeri a metà settembre 1936.

▲ I cacciatorpediniere Antonio Pigafetta (in primo piano) e Alvise da Mosto davanti a Tangeri nell'ottobre 1936.

▼ L'incrociatore leggero Alberico da Barbiano all'ancora a Tangeri il 10 ottobre 1936. (Crediti fotografici: collezione Franco Bargoni)

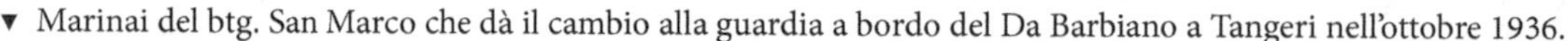

▲ Il Da Barbiano che scorta il transatlantico Conte Biancamano attraverso lo stretto di Gibilterra il 13 ottobre 1936.

▼ Marinai del btg. San Marco che dà il cambio alla guardia a bordo del Da Barbiano a Tangeri nell'ottobre 1936.

mazioni sulle navi mercantili in partenza o dirette ai porti repubblicani e sui loro carichi. Tuttavia, verso la metà di ottobre, la presenza di unità italiane nei porti repubblicani divenne sempre più delicata data l'ostilità dimostrata da una parte della popolazione. Il comando italiano temeva addirittura un attacco di navi o sottomarini repubblicani incontrollati. Decise quindi di sostituire le navi più moderne con unità più vecchie o di secondaria importanza. Il 20 ottobre, la San Giorgio arrivò a Barcellona per sostituire l'Eugenio di Savoia come nave ammiraglia. L'Amm.Div. Vittorio Tur venne sostituito dal Contramm. Angelo Iachino come comandante delle forze navali italiane in Spagna. Con il riconoscimento del governo nazionalista da parte dell'Italia il 18 novembre, le navi della Regia Marina lasciarono i porti repubblicani. La San Giorgio lasciò Barcellona il giorno dopo, facendo scalo a Palma di Maiorca dal 20 al 23 prima di raggiungere La Maddelana il 25. A Tangeri, il Da Barbiano fu sostituito dal Quarto il 18 novembre, che divenne la nave ammiraglia del Gruppo Navale

▲ Amm.Div. Vittorio Tur, accompagnato dal console Bossi (a sinistra), in visita al vicepresidente Cassol alla Generalidad de Barcelona il 2 ottobre 1936. (Crediti fotografici: collezione Franco Bargoni)

Italiano nei porti prossimi allo Stretto comandato dal Contramm. Alberto Marenco di Moriondo.
Alla fine di ottobre 1936, con l'aumento del traffico navale sovietico nel Mediterraneo, la sorveglianza del Canale di Sicilia e dello Stretto di Messina fu intensificata. Tra il 28 ottobre e il 2 novembre, i
cacciatorpediniere Borea e Nembo effettuarono due missioni di sorveglianza ciascuno, con lo scopo
di segnalare il passaggio di navi russe o repubblicane agli incrociatori ausiliari nazionalisti.
Furono raggiunti all'inizio di novembre dai cacciatorpediniere Strale, Dardo e Freccia. Durante la
sortita tra il 3 e il 4 novembre, lo Strale identificò e seguì il cargo russo Komsomol, che fu affondato
il 14 dicembre dall'incrociatore Canarias. Tra il 28 ottobre e il 6 novembre, le navi italiane identifica-
rono 51 navi mercantili. Tuttavia, le missioni di sorveglianza nel Canale di Sicilia furono interrotte
perché le segnalazioni non ebbero seguito, dato che le navi nazionaliste erano troppo poche per
intervenire in tempo.
Per consigliare la marina nazionalista, che mancava di ufficiali e aveva solo un'organizzazione ele-
mentare, Roma inviò il C.V. Giovanni Ferretti (alias dott. Rossi) come ufficiale di collegamento con
il comandante della forza navale Francisco Moreno. Arrivò a Cadice via Tangeri, Tetouan e Siviglia
il 3 ottobre. Il suo primo compito fu quello di creare un codice di cifratura trilingue per permet-
tere la collaborazione tra la marina nazionalista, quella tedesca e quella italiana. Fu poi coinvolto
nelle trattative tra la Marina nazionalista e Roma per fornire due sottomarini per combattere più
efficacemente contro le navi mercantili che rifornivano i porti repubblicani. All'inizio di novembre,
fiducioso di una risposta positiva da Roma, Ferretti preparò fino all'ultimo dettaglio l'arrivo dei
sommergibili nell'arsenale di Carraca, in provincia di Cadice. Ma i suoi sforzi furono vani, poiché a
metà novembre la Regia Marina decise di far funzionare i suoi sottomarini dalle basi in terraferma,
rifiutando per il momento qualsiasi trasferimento.
La prima campagna sottomarina clandestina della guerra civile, terminata il 4 dicembre 1936, coin-

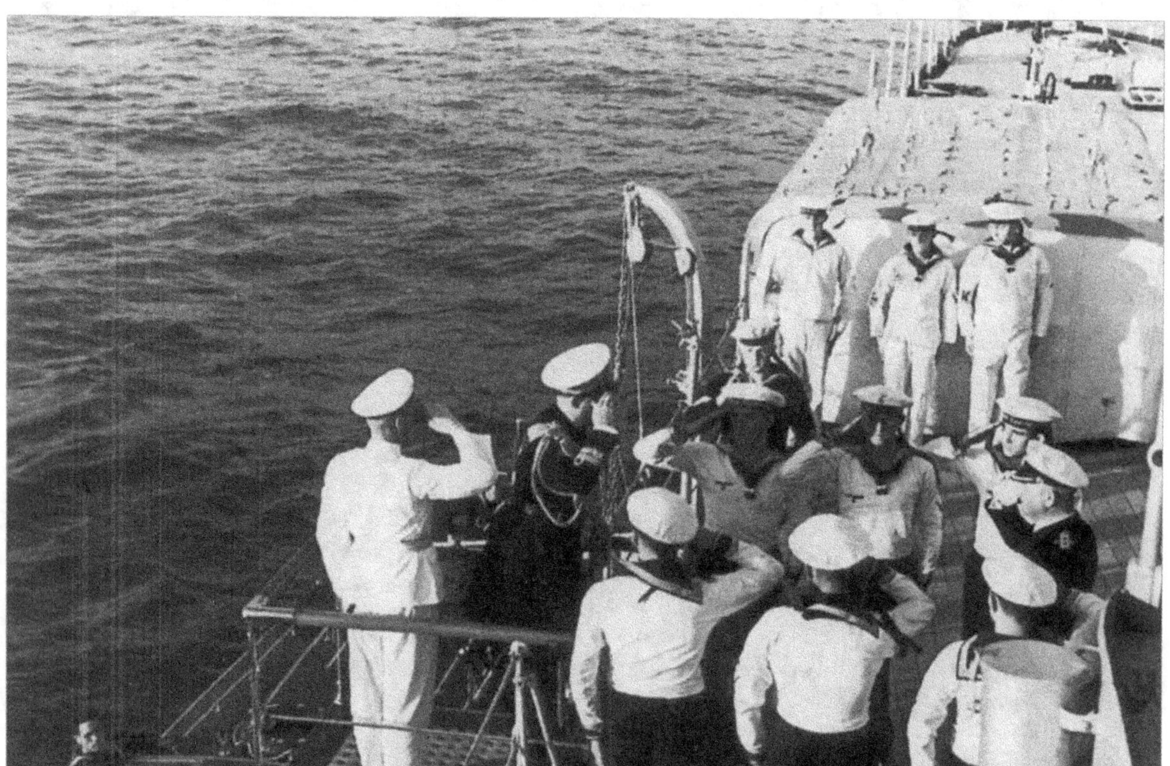

▲ Amm.Div. Vittorio Tur saluta l'ammiraglio Rolf Carls al suo arrivo a bordo della Graf Spee a Barcellona nell'ottobre
1936.

▲ Il Bartolomeo Colleoni, con il marchio dell'ammiraglio Goiran, all'ancora al largo di Barcellona nella seconda metà del settembre 1936. (Crediti fotografici: collezione A. de Toro)

▼ Vista del porto di Tangeri alla fine del 1936. In primo piano il Quarto e, alle sue spalle, un cacciatorpediniere francese della classe Vauquelin (crediti fotografici: collezione Franco Bargoni)

volse i sommergibili Naiade, Topazio, Sciesa e Torricelli con base a La Maddalena. Ogni unità ha imbarcato un ufficiale di collegamento nazionalista per l'identificazione degli obiettivi.

Il 22 novembre 1936, il Torricelli silurò l'incrociatore leggero repubblicano Miguel de Cervantes al largo di Cartagena, danneggiandone seriamente la poppa. Rimorchiata in porto, la nave rimase indisponibile per le riparazioni fino all'11 aprile 1938. La commissione d'inchiesta repubblicana incolpò un sottomarino tedesco, mentre l'ammiragliato britannico attribuì il siluramento a un sottomarino spagnolo passato ai nazionalisti.

Il siluramento della Cervantes ebbe un impatto enorme, che andò ben oltre i danni materiali causati alla nave. L'effetto sul morale degli equipaggi repubblicani, che prima pensavano che il nemico non avesse sottomarini, fu disastroso. Da parte italiana, invece, c'era la paura delle potenziali conseguenze se la verità fosse venuta alla luce, e furono poste ulteriori restrizioni ai comandanti dei sommergibili per sparare i siluri solo in casi di estrema necessità.

La frustrazione divenne la regola tra gli equipaggi, che si abituarono a manovre di attacco abortive. Nonostante i limiti operativi imposti, l'aumento dell'intervento navale fu ratificato nella riunione del 6 dicembre. Durante questo mese, 11 sommergibili vennero mandati in missione, senza risultato, la maggior parte degli attacchi non furono completati.

Tuttavia, la minaccia di un attacco sottomarino e l'azione delle poche unità di superficie repubblicane costrinsero la flotta repubblicana a rimanere nelle loro basi e le navi sovietiche ad abbandonare le rotte del Mediterraneo.

▲ L'Eugenio di Savoia davanti a Barcellona all'inizio di ottobre 1936. (crediti fotografici: collezione Franco Bargoni)

▲ Il cargo russo Komsomol in rotta verso Barcellona fotografato dallo Strale al largo di Capo Bon il 4 novembre 1936. (Crediti fotografici: collezione Franco Bargoni)

▼ L'incrociatore nazionalista Canarias che affondò il Komsomol il 14 dicembre 1936.

ITALIANI SUL FRONTE REPUBBLICANO

Gli italiani antifascisti che si erano rifugiati in Francia e in Svizzera furono tra i primi volontari stranieri a venire in Spagna per sostenere la repubblica. La prima menzione di una formazione di volontari italiani risale al 3 agosto 1936 e si riferisce a un gruppo italiano incorporato nella *Columna 19 de Julio* della milizia PSUC. Si trattava probabilmente di volontari della comunità italiana che viveva a Barcellona. Carlo Rosselli, uno dei fondatori del movimento antifascista Giustizia e Libertà, creò il 17 agosto 1936 la Colonna Italiana Rosselli (o batallón Giacomo Matteoti), che contava tra i 130 e i 150 uomini. Attaccata alla Columna Ascaso, una formazione anarchica comandata da Domingo Ascaso e Gregorio Jover, la Colonna Italiana Rosselli combatté dal 28 agosto sul fronte aragonese, respingendo un attacco nazionalista sul monte Pelato, tra le città di Huesca e Almudévar.

Alcuni degli esuli italiani in Francia decisero di formare un battaglione con il nome di Garibaldi il 26 ottobre 1936, comandato dal repubblicano Randolfo Pacciardi, assistito dal commissario politico Antonio Roasio del PCI. Con circa 800 uomini e aggregato alla XII brigada internacional, il battaglione ricevette il suo battesimo del fuoco il 12 novembre 1936 durante i combattimenti a Cerro de Los Angeles.

Anche il leader del PCI in esilio, Palmiro Togliatti, membro influente del Comintern, andò in Spagna dove divenne uno dei principali consiglieri del PCE.

All'inizio del 1937, la cattura del valico di Malaga, la prima operazione della guerra civile condotta principalmente da legionari italiani, fu l'unica vittoria importante per il campo nazionalista.

▲ L'incrociatore repubblicano Miguel de Cervantes, silurato il 22 novembre 1936 dal sommergibile Torricelli. (crediti fotografici: collezione Franco Bargoni)

III: LA CONQUISTA DI MALAGA

OBIETTIVO MALAGA

Alla fine del 1936, i nazionalisti controllavano il 60% della Spagna continentale, il Marocco spagnolo, le Canarie e le Baleari, ad eccezione di Minorca. L'intera costa mediterranea rimase comunque in territorio repubblicano e fu la principale porta d'accesso per gli aiuti militari sovietici. Per avere un porto sulla costa mediterranea, Franco mise in atto la cattura di Malaga, in Andalusia, il suo primo obiettivo dopo la presa di Madrid.

L'iniziativa di realizzare la conquista di Malaga come azione indipendente da quella di Madrid fu presa dal gen. Mario Roatta, che informò Franco il 17 dicembre 1936. Come visto in precedenza, il Caudillo non era entusiasta dell'idea che unità a guida italiana combattessero sul suolo spagnolo, ma il fallimento della sua terza offensiva sul fronte di Madrid e la mancanza di truppe nazionaliste lo portarono ad accettare l'offensiva italiana su Malaga. Sperava anche che l'attacco a Malaga avrebbe costretto i repubblicani a inviare rinforzi da Madrid. L'arresto della quarta offensiva sulla capitale a metà gennaio 1937 a causa di condizioni meteorologiche particolarmente sfavorevoli, spinse Franco, fino ad allora poco entusiasta, a rivedere la sua posizione sull'azione contro Malaga. Capì l'effetto diversivo che poteva avere sui repubblicani e decise di prepararlo insieme alla quinta offensiva contro Madrid. Ma l'offensiva su Malaga non ebbe l'effetto sperato sulle difese di Madrid e l'offensiva del

▲ Ingresso delle truppe di Franco a Malaga l'8 febbraio 1937.

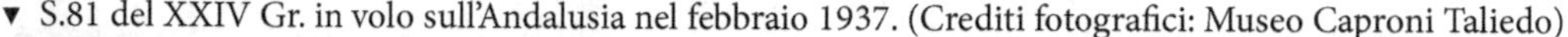

▲ Il gen. Vincenzo Velardo, primo comandante dell'Aviazione Legionaria.

▼ S.81 del XXIV Gr. in volo sull'Andalusia nel febbraio 1937. (Crediti fotografici: Museo Caproni Taliedo)

▲ L'Aniene in rotta verso Siviglia, scortato dal cacciatorpediniere Aquila, fine dicembre 1936. (Crediti fotografici: collezione Bernardo Monti)

▼ Cap.. Dequal e magg. Nuvoli davanti a un CR.32 sul campo di Siviglia-Tablada nel gennaio 1937. (Crediti fotografici: collezione Prospero Nuvoli)

febbraio 1937 nella valle di Jarama fu un altro fallimento per Franco.

Per Roatta, la cattura di Malaga era di fondamentale importanza per ridurre la rotta dei rifornimenti dall'Italia, che fino ad allora dovevano attraversare lo stretto di Gibilterra e sbarcare a Cadice. Inoltre, voleva dimostrare a Franco le capacità operative del corpo di spedizione italiano.

Il 22 dicembre 1936, Roatta presentò il suo progetto a Queipo de Llano, responsabile del fronte sud. Avendo ottenuto la sua approvazione, andò in missione di ricognizione nel settore di Malaga il 23 e 24 dicembre con il col. Emilio Faldella, capo di stato maggiore della MMIS, per studiare la pianificazione dell'offensiva. Tre percorsi sono stati considerati per l'attacco: Granada-Motril, Loja-Malaga e Antequera-Malaga. Il primo percorso era il più redditizio, poiché avrebbe isolato l'intero saliente repubblicano di Malaga, tra Órgiva ed Estepona, attaccando da est, ma avrebbe richiesto una guerra di montagna sulla Sierra Nevada per assicurare i lati della strada. Le altre due vie offrivano l'opportunità di un'azione convergente su Malaga, ma permettevano solo l'occupazione di metà del saliente repubblicano, che tuttavia concentrava i 4/5 delle forze schierate lì. Su raccomandazione di Faldella, che conosceva bene le difficoltà topografiche del primo percorso, Roatta escluse un'offensiva su Motril. Le altre vie d'attacco non erano prive di ostacoli naturali, essendo Malaga circondata da un circo montuoso che facilitava la sua difesa, e le vie d'accesso che attraversavano ripide valli.

Il 25 dicembre, Roatta riunì all'Hotel Madrid di Siviglia gli ufficiali della MMIS e gli ufficiali che supervisionavano il primo contingente di 3.446 CC.NN. che erano sbarcate a Cadice il 22 dicembre. Nominò il col. Mario Guassardo come comandante della Iᵃ brg. mista e assicurò agli ufficiali dei quadri che i loro uomini avrebbero combattuto in unità tutte italiane.

Il 26 dicembre, Roatta andò a Salamanca accompagnato da Faldella per incontrare Franco. Quest'ultimo accettò la costituzione di unità italiane e diede il suo accordo definitivo per l'operazione contro Malaga. Il 28 dicembre, Roatta si recò a Roma per informare Franco della sua decisione e per chiedere i rinforzi necessari. Il giorno dopo, Ciano telegrafò una nota alla MMIS che autorizzava l'operazione contro Malaga e annunciava l'arrivo di nuovi battaglioni.

▲ Il Santuario della Virgen de la Cabeza assediato dai repubblicani tra il 14 settembre 1936 e il 1° maggio 1937.

Il 31 dicembre, Faldella fece circolare tre documenti alla MMIS riguardanti il piano d'azione su Malaga, riflettendo la dottrina della guerra lampo allora in vigore nell'esercito italiano. L'offensiva doveva essere basata su azioni di massa in rapida successione contro obiettivi decisivi situati nella profondità della posizione nemica. Le basi di partenza selezionate furono concentrate nel settore Antequera-Archidona-Loja, il più vicino possibile agli obiettivi. Per ottenere l'effetto sorpresa, le attività di ricognizione dovevano essere ridotte al minimo indispensabile, non sarebbe stata effettuata alcuna preparazione di artiglieria e sarebbe stata condotta un'azione di diversione su D-2. La velocità di manovra sarebbe stata assicurata dalla disponibilità di veicoli per il trasporto delle riserve. Al suo ritorno da Roma il 10 gennaio 1937, Roatta accettò le direttive di Faldella.

CREAZIONE E RAFFORZAMENTO DELL'AVIAZIONE LEGIONARIA

Prima di esaminare il corso dell'operazione contro Malaga, vale la pena tornare alla creazione dell'Aviazione Legionaria, che doveva intervenire nei combattimenti. Come abbiamo già visto, l'Aviazione Legionaria fu creata ufficialmente il 28 dicembre 1936, sotto il comando di Vincenzo Velardo, arrivato dall'Italia con il grado di colonnello e promosso generale per rafforzare il suo prestigio presso i generali spagnoli.

Il rinforzo delle forze aeree italiane in Spagna continuò con l'arrivo di 9 Savoia S.81 della 13ª sq. del XXVI Gr. il 29 dicembre. Il 1° gennaio 1937, la nave commerciale Aniene attraccò a Siviglia con 20 Fiat CR.32 bis, 3 Romeo Ro.41 e il personale di 2 squadriglie di caccia. Il 15 gennaio, altri 9 S.81 dell'11ª sq. sbarcarono a Siviglia. Ridistribuiti a Soria con i 9 trimotore arrivati il 29 dicembre, formarono il XXIV Gr. bombardamento pesante Marelli comandato dal Col. Ferdinando Raffaelli.

A metà gennaio 1937 l'Aviazione Legionaria schierò 16 S.81 del XXIV Gruppo Marelli, 21 Ro. 37bis della 1ª e 2ª piazza, 69 Fiat CR.32 e 3 Ro.41 del I Gruppo Cucaracha (1ª, 2ª e 3ª piazza) e del II Gruppo Cucaracha (4ª, 5ª e 6ª piazza).

Il 22 gennaio, il porto di Cadice, dove stavano sbarcando le truppe italiane, fu attaccato da 3 Tu-

▲ Il Santuario della Virgen de la Cabeza assediato dai repubblicani tra il 14 settembre 1936 e il 1° maggio 1937.

▲ José Villalba Rubio nel 1924, allora comandante della 3ª bandera de la Legión.

polev SB-2. L'intervento di 2 CR.32 in perlustrazione sopra la città costrinse i bombardieri sovietici a liberarsi delle loro bombe prima di raggiungere il loro obiettivo e a tornare al più presto alle loro linee, inseguiti senza successo dai CR.32 per più di 100 km. Il 28 gennaio, l'uragano che colpì Siviglia danneggiò 4 S.81 sul campo d'aviazione di fortuna di La Cascajera, usato per paura delle incursioni degli SB-2 su Tablada. Uno degli S.81 fu spostato di più di 200 metri dall'uragano.

Il 29 gennaio, 9 CR.32 della 5a sq. scortarono 3 S.81 e 3 Ro.37 bis incaricati dai nazionalisti di rifornire il santuario della Virgen de la Cabeza nella Sierra de Andújar, che era sotto assedio dei repubblicani. Le condizioni meteorologiche si deteriorarono rapidamente e presto i piloti persero il contatto visivo con gli altri aerei della loro formazione a causa della comparsa di una fitta nebbia. Sei CR.32 caddero, due piloti furono uccisi e altri quattro furono fatti prigionieri.

Il 4 febbraio, l'Aniene sbarcò a Siviglia con 12 Fiat CR.32 e 11 piloti sotto il comando del Cpl. Mario Viola.

OFFENSIVA NAZIONALISTA E PREPARATIVI ITALIANI

Mentre l'offensiva italiana era ancora in preparazione, Queipo de Llano ordinò al colonnello Francisco Borbón y de la Torre, duca di Siviglia, di lanciare un attacco locale nel settore occidentale del saliente di Malaga, lungo la strada costiera. Il 14 gennaio, le forze nazionaliste catturarono Estepona, e poi continuarono la loro avanzata su San Pedro de Alcàntara, che presero il 15, e su Marbella, che raggiunsero il 17 gennaio senza incontrare alcuna resistenza. Allo stesso tempo, all'altra estremità del saliente di Malaga, una colonna nazionalista di Granada comandata dal colonnello Antonio

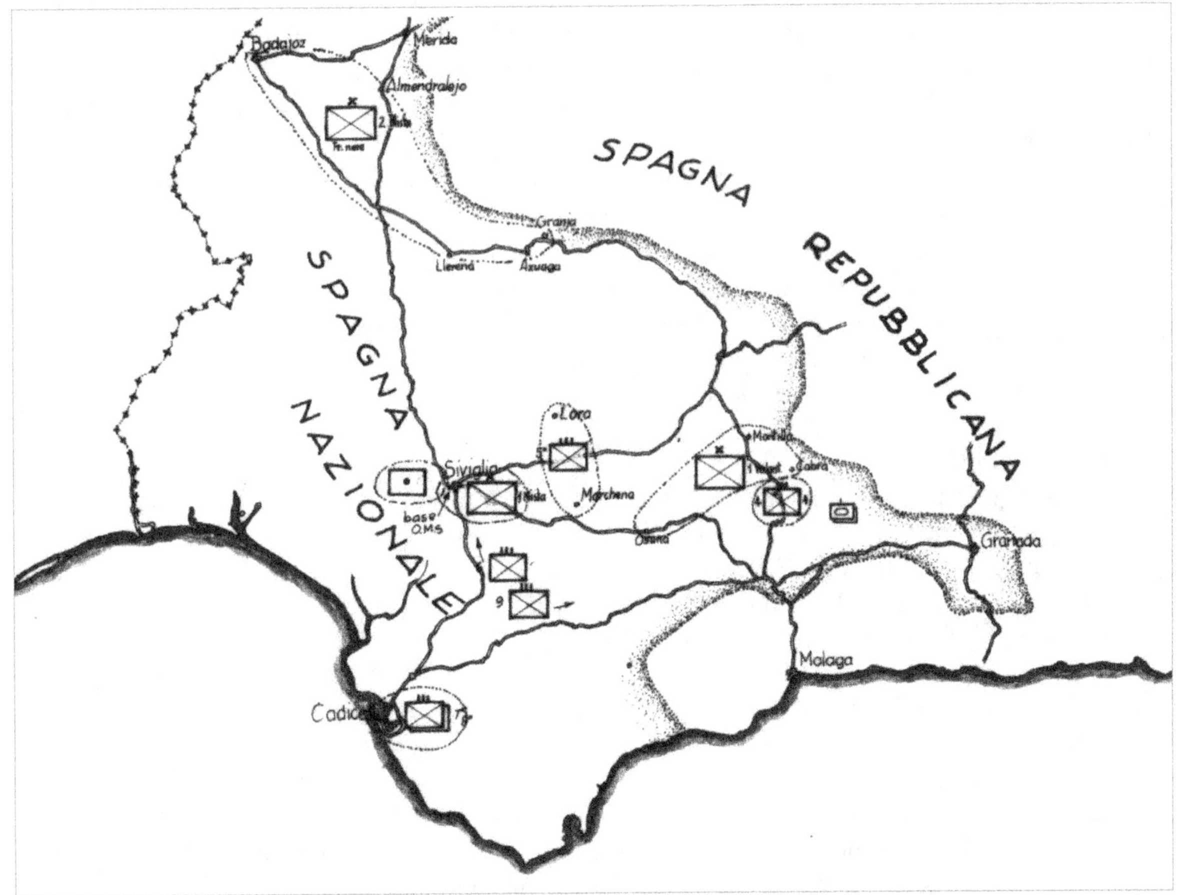

▲ Posizione delle unità italiane il 31 gennaio 1937.

Muñoz Jiménez occupò Alhama il 22 gennaio. Questa avanzata offriva una nuova rotta per l'attacco a Malaga, via Vélez-Malaga. Roatta decise di approfittare di questa opportunità e divise le sue forze in 3 colonne per investire un fronte di più di 130 km.

Il 24 gennaio Roatta inviò un telegramma a Ciano per aggiornarlo sugli ultimi sviluppi e sulle difficoltà incontrate nei preparativi. A causa delle offensive nazionaliste sui fianchi del saliente di Malaga, Roatta temeva che l'effetto sorpresa dell'attacco italiano sarebbe stato compromesso.

L'offensiva contro Malaga non era infatti più un segreto per nessuno, essendo stato ampiamente riportato dalla stampa anglosassone. Ma il comando repubblicano non poteva contare su alcun aiuto da parte del governo valenciano, poiché la strada costiera era interrotta a Motril a causa di un'inondazione. Roatta dovette anche fare i conti con la quasi totale mancanza di addestramento delle prime truppe arrivate in Spagna, a causa dell'urgenza con cui erano state assemblate e inviate al teatro delle operazioni. Inoltre, le unità mancavano di coesione o di *esprit de corps*, essendo composte da elementi di diversi corpi e unità della milizia o dell'esercito.

Nonostante ciò, Roatta credeva di poter lanciare la sua offensiva il 1° febbraio, anniversario della fondazione della MVSN, ma non escludeva un ritardo di alcuni giorni. Quest'ultimo punto dispiacque a Ciano, che informò Faldella, che era a Roma in quel momento, chiedendo nuovi rinforzi. Franco era anche impaziente di vedere le unità italiane in azione, sperando in una vittoria che avrebbe ripristinato il morale delle truppe nazionaliste bloccate davanti a Madrid.

Il 26 gennaio, Roatta diede l'ordine di schierare le unità nelle loro zone di raccolta, vale a dire i settori Osuna-Aguadulce per la colonna di destra comandata dal col. Carlo Rivolta, Aguilar de la Frontera-Montilla per la colonna centrale del gen. Edmondo Rossi e Lucena-Cabra per la colonna sinistra del col. Mario Guassardo. Situate in media a 60 km dal saliente di Malaga, queste aree di assemblaggio furono scelte per lasciare in dubbio la zona dell'offensiva.

Per il suo attacco, chiamato in codice Lampo, Roatta aveva circa 10.000 uomini distribuiti tra le seguenti unità:

- I gr. banderas composto dalle banderas Aquila, Carroccio e Leone (una bandera equivale a 1 battaglione e un gruppo banderas a un reggimento);
- II gr. banderas composto dalle banderas Folgore, Indomito e Falco;
- III gr. banderas composto dalle banderas Uragano, Freccia, Tempesta e Lupi;
- IV gr. banderas composto dalle banderas Bufalo, Toro e Bisonte;
- 1ª e 2ª cp. carri d'assalto su 13 L 3 ciascuno;
- 1 plotone della 3ª cp. carri d'assalto;
- 1 compagnia autoblindo su 8 Lancia 1ZM ;
- 1ª cp.m.m. ;
- I e II gr. cannoni da 105/28 su 2 batterie di 3 pezzi ciascuna;
- II gr. obici da 149/12 su 2 batterie ;
- 1ª btr. autocannoni da 75/27 CK ;
- 1ª e 2ª btr. cannoni Breda da 20/65 ;
- 1 sezione di 2 pistole di 47/32 ;
- 3 plotoni di genieri;
- 2 plotoni di collegamento telefonico del genio;
- 1 sezione di ingegneri radiotelegrafisti;
- 1 plotone di ingegneri.

Il trasporto delle truppe sarebbe stato assicurato da 720 veicoli. La sera del 4 febbraio, il II gr. obici da 100/17, formato due giorni prima, arrivò a Loja per unirsi alle truppe italiane. Per contrastare qualsiasi attacco alle spalle della sua posizione, Roatta inviò le V banderas, tra cui la Implacabile e la Ardente banderas, per fornire copertura nel settore di Lucena.

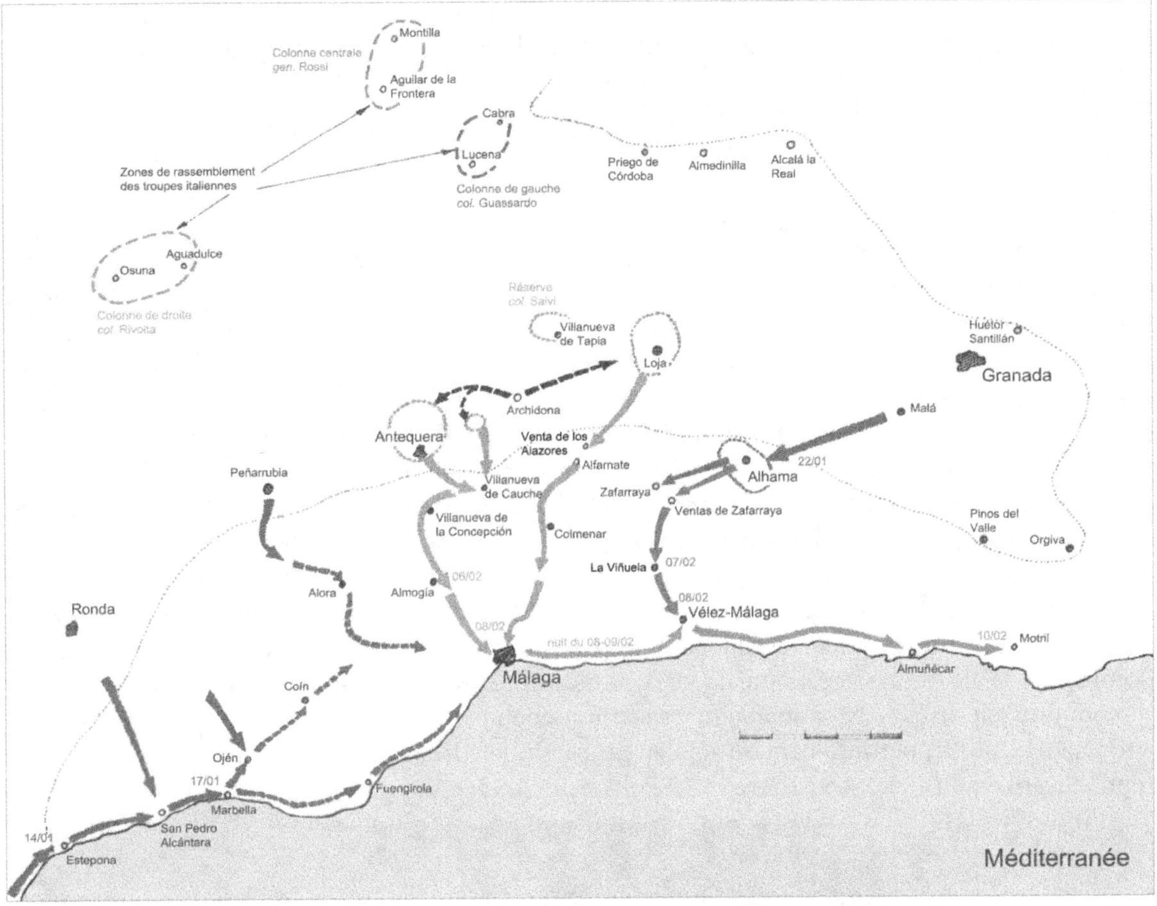

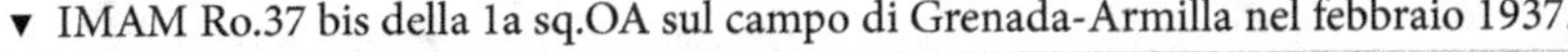

▲ Mappa delle operazioni contro il saliente di Malaga tra il 14 gennaio e il 10 febbraio 1937. (Credits: Aymeric López)

▼ IMAM Ro.37 bis della 1a sq.OA sul campo di Grenada-Armilla nel febbraio 1937.

La forza italiana era completata alle due estremità del fronte da forze nazionaliste che assicuravano la protezione dei fianchi secondo gli accordi presi il 30 gennaio con Queipo de Llano.

Il fianco destro era coperto da quattro battaglioni della 2ª División sotto il colonnello Francisco Borbón y de la Torre da Marbella e Ronda, mentre il fianco sinistro era coperto da un battaglione di fanteria del Regimiento de Infantería Cádiz nº 33 e da una compagnia di regolari schierata ad Alhama sotto il colonnello Antonio Muñoz Jiménez. Il colonnello Basilio León Maestre era a capo delle truppe di riserva. In totale, le forze nazionaliste contavano circa 10.000 uomini.

Dal mare, i franchisti potevano contare sull'assistenza degli incrociatori Canarias e Almirante Cervera. Per il supporto aereo, l'Aviazione Legionaria trasferì alcune unità dal fronte di Madrid all'Andalusia. La 3ª e 4ª sq. su CR.32 e 5 Ro.37 della 1ª sq. furono riassegnati al campo d'aviazione Siviglia-Tablada, dove si trovavano già 13 S.81 del XXIV Gr. Un totale di 36 CR.32 partecipò all'operazione. La forza aerea nazionalista intervenne con i 12 Breguet XIX delle squadriglie 3-G-10 e 4-G-10, una squadriglia di Junkers 52 e i 3 CR.32 della *Patrulla Azul* di Joaquín García Morato.

Di fronte a questa forza, i repubblicani avevano 12.000 uomini in prima linea e 8.000 di riserva, tra cui miliziani di diverse fazioni, uomini della *Guardia de Asalto* e soldati dell'esercito regolare, armati solo con 10.000 fucili, tra 70 e 80 mitragliatrici, circa 20 mortai e 16 cannoni.

Il 3 febbraio, 6 cannoni semoventi sovietici BA-6 e FAI furono inviati come rinforzi. Il comando del settore fu assunto dal colonnello José Villalba Rubio, appena trasferito dalla Catalogna per sostituire il colonnello Manuel Hernández Arteaga. Posizioni di resistenza furono allestite sui passi, dominando le vie d'accesso e tenute da forze numericamente consistenti, ma il sistema di difesa era discontinuo e le possibilità di appoggio tra settori deboli per la mancanza di trasporti. Per la difesa antiaerea, i lealisti potevano contare solo su un cannone e tre mitragliatrici. Il supporto aereo dei repubblicani era limitato: consisteva in 12 Polikarpov I-15, 6 Tupolev SB-2 comandati dal capitano

▲ Da sinistra a destra, il sergente Camoni, s.ten. Mantelli, sergente. Colauzzi, sergente. Salvi e, primo a destra, il sergente. Cappellini sul campo di Granada-Armilla nel febbraio 1937.

Nikolai Ostriakov, da 5 a 6 Dewoitine 371 e Nieuport Ni 52 C1 a 4 Potez 540 e 542 della *escuadrilla Malraux* (il nome dato alla *escuadrilla España* dalla fine di novembre 1936 in poi) ridispiegati da Teruel.

Il trasporto delle truppe italiane alle loro zone di raccolta per ferrovia fu completato il 30 gennaio, con un giorno di ritardo rispetto al piano di marcia. Il 31 gennaio, Roatta convocò a Puente Genil gli ufficiali di stato maggiore, i generali e i colonnelli coinvolti nell'offensiva. Diede loro ordini sullo schieramento alle basi di partenza, sull'andamento dell'attacco a Malaga, sull'attuazione dell'appoggio aereo e navale e sull'organizzazione e funzionamento dei servizi logistici.

ROATTA VA ALL'ATTACCO

La marcia delle colonne italiane verso le loro basi di partenza iniziò la notte del 1° febbraio 1936.
Il 2 febbraio, un Heinkel He 70 della legione Condor in missione di ricognizione fotografica fu abbattuto dagli I-15 sopra Estepona. La mattina del 3 febbraio, tre battaglioni nazionalisti comandati dal colonnello Francisco Borbón y de la Torre attaccarono da Ronda il settore occidentale del saliente di Malaga. Questa volta incontrarono una forte resistenza. Allo stesso tempo, nel cielo sopra Loja, 6 Polikarpov I-15 impegnano 3 CR.32. Due I-15 furono danneggiati e dovettero tentare un atterraggio forzato vicino a Torremolinos, uno dei quali fu distrutto. Pure il CR.32s del tenente Larsimont e del Serg. Frattini dovette fare un atterraggio di emergenza per poi essere riparato. Lo stesso giorno, Franco si recò al quartier generale istituito da Roatta a Iznajar.
Il 4 febbraio, il Caudillo visitò le unità italiane schierate nelle loro basi: la colonna del colonnello Rivolta ad Antequera, quella del gen. Rossi a Loja con un distaccamento ad Antequera, e quella del col. Guassardo in Alhama. La riserva comandata dal col. Costantino Salvi si trovava nel settore Villanueva de Tapia. Per confondere il nemico e mantenere incerta l'area di attacco, le forze dell'Aviazione Legionaria incaricate del supporto aereo dell'operazione furono trasferite all'ultimo

▲ Legionario della colonna di destra all'attacco del passo di Torcal, tra Antequera e Villanueva de la Concepciòn, 5 febbraio 1937. (Crediti fotografici: Museo Storico Italiano della Guerra)

momento al campo d'aviazione di Granada-Armilla. Erano 19 CR.32 e 10 Ro.37, e si trovavano a circa 15 minuti dal fronte.

Venerdì 5 febbraio, alle 6.30 del mattino, le tre colonne andarono all'attacco, senza alcuna preparazione di artiglieria. Le riserve vennero trasferite a Loja nello stesso momento. La colonna di destra fu la prima ad entrare in contatto con i repubblicani. Durante il giorno, i carri armati della 2ª Cp. raggiunsero Villanueva de la Concepciòn, mentre la fanteria fu bloccata dalla resistenza repubblicana sulla strada per il passo Torcal, sulla collina 860. La colonna centrale, guidata dalla 1a Cp.m.m. e dalla 1a Cp. carri d'assalto, entrò nel bacino di Venta de los Alazores dove i soldati, fino ad allora trasportati in camion, smontarono e presero posizione.

Dopo aver schierato l'artiglieria, i soldati attaccarono le posizioni repubblicane che dominavano il bacino, tenute da 2.000 miliziani, senza riuscire a sloggiarle prima della notte. Cinque Ro.37 bis attaccarono i rinforzi repubblicani sulla strada che porta da Malaga a Venta de los Alazores.

Il distaccamento della colonna centrale di Antequera fu fermato all'entrata di Villanueva de Cauche. Da Alhama, la colonna di sinistra, che attaccò alle 9.30 circa con una prima bandera, portò una seconda bandera sulla linea di combattimento alle 12 circa per sfondare le difese del passo e aprire la strada alla terza bandera, che costrinse i difensori repubblicani a ritirarsi.

Roatta, che era salito in prima linea per seguire l'attacco, fu ferito al braccio, ma mantenne il comando delle operazioni. A sera, l'intera colonna aveva attraversato la cresta e raggiunto il settore Ventas de Zafarraya. Allo stesso tempo, le forze nazionaliste del colonnello Antonio Muñoz Jiménez avanzarono su Zafarraya, che raggiunsero verso le 14.00. L'Aviazione Legionaria sostenne l'avanzata delle truppe effettuando missioni di ricognizione e bombardando le posizioni repubblicane.

Dieci S.81 e 19 CR.32 furono incaricati di attaccare Colmenar, ma il bombardamento non fu molto accurato. Gli S.81 rimasero poi a terra per tre giorni a causa delle forti piogge che resero il terreno di Siviglia-Tablada impraticabile per questi pesanti aerei a tre motori.

▲ Intervento del Ro.37 bis sul fronte di Malaga nei primi giorni del febbraio 1937. (Crediti fotografici: collezione Nino Bortolini)

▲ Strada che porta al Passo del Torcal da Antequera. (Crediti fotografici: collezione Sebastian Aguilar)

▼ Il bacino di Venta de los Alazores e il passo che porta ad Alfarnate. (photo credits: betanya collection)

La sera del 5 febbraio, solo la colonna di sinistra era riuscita a sfondare la linea di resistenza repubblicana. Il comando aveva due alternative: rinforzare la colonna centrale, che secondo il piano iniziale doveva portare lo sforzo principale dell'attacco, o spostare il centro di gravità della sua azione a sinistra. Consapevole che la conquista di Malaga era più importante di quella di Vélez-Malaga, Roatta optò per la prima soluzione, anche se inizialmente aveva pensato di rinforzare la colonna di sinistra con due battaglioni. Infine, Roatta decise alle 11 di sera di assegnare una bandera della riserva come rinforzo alla colonna centrale.

La mattina del 6 febbraio, le operazioni non ripresero fino alle 7.30, dopo che la nebbia si era dissipata. La colonna di destra, intuendo che le forze repubblicane si stavano preparando a ritirarsi, mosse la sua fanteria in avanti per unirsi agli L3 della 2ª cp. a Villanueva de la Concepción e poi continuò la sua avanzata verso Almogia, che fu raggiunta al tramonto. La colonna centrale riuscì ad uscire dal bacino di Venta de los Alazores e avanzò verso Colmenar, che era già stata evacuata. Poi avanzò verso Puerto de Léon e Costa de Viento, dove fu fermata dalla resistenza repubblicana. Anche la colonna di sinistra continuò ad avanzare da Ventas de Zafarraya oltre il bivio per Riogord-Colmenar. La riserva venne trasferita a Venta de los Alazores per poter intervenire sia a Colmenar che a Ventas de Zafarraya. Sulla costa occidentale, le forze nazionaliste del Duca di Siviglia avanzarono senza incontrare molta resistenza a Torremolinos e catturarono 3 cannoni semoventi BA-6. La sera del 6 febbraio, solo il distaccamento della colonna centrale rimase bloccato davanti a Villanueva de Cauche. Di fronte all'avanzata italiana e nazionalista, il colonnello Villalba ordinò l'evacuazione di Malaga per la strada costiera verso Almeria.

Il 7 febbraio, la colonna di destra riprese la sua avanzata alle 8 del mattino e prese posizione sulle alture che dominano Malaga la sera stessa, a soli 2,5 km dal centro della città. La colonna centrale, con 6 banderas, attaccò le posizioni di Costa de Viento alle 7.30 del mattino, combinando un attacco frontale con manovre di sorpasso sui fianchi. La posizione cadde verso le 12 e la colonna centrale entrò allora in contatto con la colonna di destra, il cui comando passò nelle mani del gen. Rossi.

▲ Bunker che domina la strada tra Venta de los Alazores e Alfarnate. (crediti foto: Salvador collection)

▲ Colonna di carri L3 che avanza verso Malaga.

▼ BA-6 catturato tra Marbella e Fuengirola il 6 febbraio dalle forze nazionaliste di Coronel Francisco Borbón.

Il distaccamento della colonna centrale riuscì ad entrare a Villanueva de Cauche mentre le forze nazionaliste del Duca di Siviglia raggiungevano la foce del Guadalhorce, sostenute dal fuoco degli incrociatori Canarias e Almirante Cervera e dalle cannoniere Canalejas e Canovas del Castillo.

La colonna di sinistra, avanzando verso La Viñuela, fu attaccata per errore dai Ro.37bis che pensavano di essere in presenza di truppe repubblicane. Dopo aver sganciato le prime bombe, gli aviatori si resero conto del loro errore quando riconobbero la silhouette delle Fiat 618.

Lunedì 8 febbraio, alle 8 del mattino, dopo alcune scaramucce con i repubblicani alla periferia della città, la colonna di destra entrò a Malaga. La colonna centrale entrò alla stessa ora, avendo inviato distaccamenti per occupare l'edificio delle Poste e Telegrafi, l'edificio della Banca di Spagna e il Municipio dalle 6 del mattino. Le truppe del duca di Siviglia entrarono a Malaga verso mezzogiorno. Nel porto, la flotta repubblicana aveva affondato le cannoniere Xauen e Ártabro. La colonna di sinistra, ritardata dalla distruzione di un ponte sul fiume Alcancin, occupò Vélez-Malaga verso le 4 del pomeriggio. Alle 17.00 il gen. Rossi prese possesso dei poteri civili e militari a Malaga e assistette alla sfilata delle truppe italiane e spagnole.

Nel primo pomeriggio dell'8 febbraio, Roatta ordinò la formazione di una colonna motorizzata per sfruttare il successo ottenuto a Malaga e marciare verso Torre del Mar per unirsi alla colonna di sinistra, alla quale assegnò una bandera della riserva come rinforzo. I repubblicani erano allora in fuga lungo la strada costiera verso Motril. Ma poiché inizialmente non era stato fissato nessun obiettivo oltre alla cattura di Malaga e Vélez-Malaga, la formazione della colonna motorizzata richiese tempo. Comandato dal Col. Salvi, comprendeva 3 bande (Falco, Indomito e Folgore), la 1ª cp. carri d'assalto, la 1ª cp.m.m., il II gr. obici da 100/17, una sezione di cannoni 47/32 e un plotone di genieri. La colonna non partì fino alla notte tra l'8 e il 9 febbraio all'1.30 circa e raggiunse Torre del Mar all'alba del 9 febbraio. Unendosi alla colonna di sinistra e passando sotto il comando del col. Guassardo, la colonna motorizzata riprese la sua avanzata verso est lungo la strada costiera fino a fermarsi davanti ad Almuñécar verso le 22.

▲ CV 35 alle porte di Malaga il 7 febbraio 1937. (Crediti fotografici: Museo Storico Italiano della Guerra)

▲ Howitzer 100/17 mod.14 del II Gr. su una posizione che domina Malaga. (photo credits: Aymeric Lopez collection).

▼ La cannoniera Canovas de Castillo che prese parte ai bombardamenti a sostegno delle forze nazionaliste che avanzavano lungo la strada costiera. (Crediti fotografici: collezione Juan Antonio Padron Albornoz su Vida Maritima)

All'alba del 10 febbraio, la colonna Guassardo occupò Almuñécar e si diresse verso Motril.

La difesa repubblicana lì fu particolarmente efficace, aiutata dalla presenza del fiume Guadalpece, che gli italiani dovettero guadare. Persero due carri leggeri L3 in questa occasione. Due Tupolev SB-2 in missione di bombardamento nella zona vennero attaccati da 4 CR.32 della 5ª sq. Uno dei bombardieri fu danneggiato e dovette fare un atterraggio di fortuna vicino a Motril, a Salobreña. L'aereo fu recuperato dai nazionalisti, mentre l'equipaggio riuscì a fuggire e a raggiungere le linee repubblicane. Verso le 17.00, le CC.NN. presero Motril, terminando un inseguimento di due giorni su una distanza di 119 km. L'arrivo della 6ª *brigada mixta* e della XIIIª *brigada internacional* ad Albuñol stabilizzò il fronte repubblicano.

La mattina dell'11 febbraio, due Tupolev SB-2 bombardarono il campo d'aviazione di Granada-Armilla, senza successo. Al mattino, il CR.32 bis del s.ten. Mantelli e Monti, del sergente magg. Drigani e del Serg. Cova della 4ª sq intercettano un Potez 540 'B' e un Potez 542 'Ñ' della *escuadrilla Malraux* basata a Tabernas, 31 km a nord di Almeria, di ritorno da un raid su Motril. La loro scorta di 5 I-15 volava abbastanza lontano e gli italiani ne approfittarono, Mantelli abbatté il Potez pilotato da Guy Santés che si schiantò in mare davanti a Cabo Sacratif. Il CR.32 di Mantelli fu colpito dal mitragliere René Deverts e fu costretto ad atterrare in territorio repubblicano, non lontano da Motril. Egli fu comunque in grado di tornare alle linee nazionaliste grazie all'aiuto di un contadino.

Il secondo Potez fu danneggiato e dovette atterrare vicino a Dalías, in territorio repubblicano. Il danno era tale da essere considerato distrutto. Questo episodio portò allo scioglimento della *escuadrilla di Malraux* a causa della mancanza di aerei.

Allo stesso tempo, le vie di comunicazione in territorio repubblicano furono attaccate dagli S.81, che presero di mira la stazione ferroviaria di Guadix, così come il porto e la stazione ferroviaria di Almería. Il 13 febbraio Motril fu bombardata dagli SB-2, uccidendo 15 soldati italiani e ferendone altri 25. Lo stesso giorno, le truppe italiane lasciarono Motril e salirono verso Granada. Furono sollevate dai nazionalisti.

▲ Legionari italiani e Lancia 1ZM entrano a Malaga l'8 febbraio 1937. (Crediti fotografici: Museo Storico Italiano della Guerra)

▲▼ Truppe italiane nelle strade di Malaga. (Crediti fotografici: Museo Storico Italiano della Guerra)

▲ Legionari italiani e Lancia 1ZM nel cortile del municipio di Malaga. (Crediti fotografici: Archivo ABC)

▼ Le truppe di Franco marciano lungo Calle Larios a Malaga.

▲ ▼ Lancia 1ZM nella plaza de la marina di Malaga dopo la presa della città da parte dei nazionalisti.

▲ La cannoniera repubblicana Xauen che fu affondata quando le truppe di Franco arrivarono a Malaga.
▼ Cannone semovente della FAI disattivato dall'artiglieria navale nelle vicinanze di Malaga e catturato dai nazionalisti l'8 febbraio. (Crediti fotografici: Bundesarchiv)

▲ Lo stesso cannone semovente della pagina precedente

▼ Potez 540 'B' della escuadrilla Malraux a Tabernas all'inizio di febbraio 1937. (crediti foto: collezione Patrick Laureau)

▲ Fiat CR.32 all'aeroporto di Malaga nel febbraio 1937. (Photo credits: Dequal family)

▲ ▼ Il Tupolev SB-2 colpito dai CR.32 della 5ª sq. dopo il suo atterraggio forzato a Salobreña il 10 febbraio 1937.

▲ Potez 542 "Ñ" della escuadrilla Malraux in volo.

▼ Piloti della 4a sq. sul campo di Grenada-Armilla nel febbraio 1937. (photo credits: Dequal family)

▲ Potez 540 abbattuto sopra Cabo Sacratif l'11 febbraio 1937. (crediti foto: famiglia Dequal)
▼ Bombardamento del nodo ferroviario di Guadix da parte di Savoia S.81. (crediti foto: famiglia Dequal)

RISULTATI E CONSIDERAZIONI

La cattura di Malaga fu un grande successo strategico per il campo nazionalista, e più specificamente per le truppe italiane da cui dipendeva l'operazione. In sei giorni di combattimenti, gli italiani persero circa 500 uomini, tra cui un centinaio di morti. Nel campo repubblicano, le perdite sono state stimate in diverse centinaia di morti. Nonostante il debole armamento a disposizione dei repubblicani, la battaglia di Malaga fu tutt'altro che una semplice marcia militare per gli italiani. Finché le loro posizioni di resistenza non furono rotte, i combattenti repubblicani mostrarono una resistenza determinata, nonostante la loro mancanza di organizzazione.

La decisione del colonnello Villalba di evacuare Malaga la sera del 6 febbraio, e il fatto che lui stesso abbandonò la città, tagliò ogni desiderio di resistenza dei soldati e miliziani repubblicani.
Circa 10.000 furono catturati.

L'importanza della cattura di Malaga fu fondamentale dal punto di vista politico: in un momento in cui le truppe di Franco erano bloccate davanti a Madrid e il morale della popolazione in territorio nazionalista era al minimo dall'inizio dell'insurrezione, questa vittoria diede loro speranza per l'esito del conflitto. Da un punto di vista strategico, questa vittoria fornì l'accesso a un grande porto nel Mediterraneo, di cui i nazionalisti erano stati privati fino ad allora, e ridusse la lunghezza del fronte che le truppe di Queipo de Llano dovevano tenere da 400 a 60 km. Per questa vittoria, Roatta ricevette le congratulazioni di Mussolini, Ciano, Queipo de Llano, il generale José Millan Astray, comandante della flotta nazionalista, e il comandante della Legione Condor.

Solo Franco rimase in silenzio, imbarazzato dal fatto che l'unica vittoria del campo nazionalista in quel momento fu ottenuta da forze straniere.

Nel campo repubblicano, il generale José Asensio Torrado, sottosegretario alla guerra, fu destituito e il colonnello Villalba imprigionato. Servendo esplicitamente da capro espiatorio, egli venne poi rilasciato e riabilitato dopo più di un anno di detenzione. Le vere cause della sconfitta furono la totale mancanza di appoggio da parte del governo valenciano, la mancanza di disciplina all'interno delle milizie, le lotte tra le diverse fazioni, la trascuratezza del lavoro di difesa e la mancanza di armi e munizioni. La sconfitta di Malaga accentuò anche le tensioni tra Largo Caballero e i comunisti, questi ultimi deplorarono l'indulgenza del capo del governo verso le milizie anarco-sindacaliste e la sua lentezza nel far rispettare la coscrizione.

I tragici eventi che seguirono la cattura del saliente di Malaga furono attribuiti al governo di Burgos. Nessuno dei repubblicani fatti prigionieri dagli italiani venne ucciso, secondo gli ordini molto chiari emessi da Roatta a questo proposito. Così, fino a quando il gen. Rossi consegnò i poteri militari e civili al colonnello Francisco Borbón y de la Torre, tutti i prigionieri repubblicani furono salvati. Ma subito dopo che i nazionalisti presero il potere, iniziò una terribile caccia all'uomo prima ancora che fosse istituita la corte marziale. Fino alla fine della guerra, tra 2.250 e 4.235 persone furono assassinate dai nazionalisti come rappresaglia per i 2.500 morti registrati a Malaga nei primi mesi della guerra civile, chiese distrutte e case aristocratiche saccheggiate.

Per quanto riguarda il presunto massacro della colonna di rifugiati in fuga da Malaga lungo la strada costiera verso Almería, riferito dal medico canadese Norman Bethune, membro del servizio medico delle brigate internazionali, non esiste alcun documento repubblicano dell'epoca che lo provi.

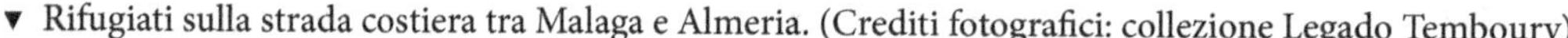

▲ Prigionieri repubblicani scortati da legionari italiani nel settore di Malaga. (Crediti fotografici: Museo Storico Italiano della Guerra)

▼ Rifugiati sulla strada costiera tra Malaga e Almeria. (Crediti fotografici: collezione Legado Temboury)

BIBLIOGRAFIA

- *La partecipazione italiana alla Guerra Civile Spagnola (1936-1939), Volume I, Testo*, Alberto Rovighi & Filippo Stefani, Stato Maggiore dell'Esercito, Ufficio Storico, 1992

- *La partecipazione italiana alla Guerra Civile Spagnola (1936-1939), Volume I, Documenti e allegati*, Alberto Rovighi & Filippo Stefani, Stato Maggiore dell'Esercito, Ufficio Storico, 1992

- *La guerre d'Espagne, Révolution et contre-révolution (1934-1939)*, Burnett Bolloten, Agone, 2014

- *La guerre d'Espagne*, Anthony Beevor, Calmann-Lévy, 2006 *Les brigades internationales de Franco*, Sylvain Roussillon, Via Romana, 2012

- *Les brigades internationales de Franco*, Sylvain Roussillon, Via Romana, 2012

- *Grandes batallas de la Guerra Civil Española*, Pablo Sagarra, Óscar González, Lucas Molina, La esfera de los libros, 2012

- *Batallas de la Guerra Civil Española*, Lucas Molina Franco, Rafael Permuy López, Fernando Calvo González-Regueral & Juan Vázquez García, Susaeta, 2012

- *Armas y uniformes de la guerra civil española*, Lucas Molina Franco & José María Manrique García, Susaeta, 2009

- *Guerra civil española, Fotografía inéditas*, Isabel Ortiz, Susaeta, 2009

- *Los medios blindados en la Guerra Civil Española, Teatros de operaciones de Andalucía y Centro 36/39*, Artemio Mortera Pérez, Alcañiz Fresno's Editores, 2009

- *Frecce Nere! Le camicie nere in Spagna 1936-1939*, Pierluigi Romeo di Colloredo, Soldier-shop-Italia Storica, 2016

- *Guadalajara 1937 la disfatta che non ci fu*, Pierluigi Romeo di Colloredo, Soldiershop-Italia Storica, 2017

- *L'aviazione legionaria in Spagna su due volumi*, Guido Mattioli, Soldiershop-Italia Storica, 2018

- *«In Spagna per l'idea fascista», legionari trentini nella guerra civile spagnola 1936-1939*, Gabriele Ranzato, Camillo Zadra & Davide Znedri, Museo Storico Italiano della Guerra, 2008

- *I volontari stranieri e le brigate internazionali in Spagna (1936-39)*, Bruno Mugnai, Soldier-shop Publishing, 2014

- *Guerra di Spagna e aviazione italiana*, Ferdinando Pedriali, Aeronautica Militare Italiana, Ufficio Storico, 1992

- *Ali in Spagna, Immagini e storia della guerra civile 1936-39*, A. Emiliani & G.F. Ghergo, Giorgio Apsotolo Editore, 1997

- *Ali di guerra sulla Spagna, 1936-1939*, Ferdinando Pedriali, IBN Editore, 2015

- *Crickets against Rats, Regia Aeronautica in the Spanish Civil War 1936-1937, Vol.I*, Marek Sobski, Kagero, 2014

- *Aviación en la guerra civil española*, Rafael A. Permuy López, Susaeta, 2012

- *L'impegno navale italiano durante la Guerra Civile Spagnola (1936-1939)*, Franco Bargoni, Ufficio Storico della Marina Militare, 1992

- *Armas y uniformes de la guerra civil española*, Lucas Molina Franco & José María Manrique García, Susaeta, 2009

- *Spanish civil war tanks, The proving ground for blitzkrieg*, Steven J. Zaloga, Osprey Publishing, 2010

- *Blindados italianos en el ejército de Franco (1936-1939)*, Lucas Molina Franco & José María Manrique García, Galland Books, 2009

- *Idrovolanti italiani nei cieli iberici, Una rassegna dei velivoli forniti alla Spagna tra il 1922 e il 1938 e in servizio nell'Aeronáutica Naval*, Tullio Marcon & Angelo Emiliani, Aerofan n°93, 2005

- *L'aviación de el Tercio*, Paolo Waldis, Storia Militare n°240, 2013

- *«In Spagna per l'idea fascista», legionari trentini nella guerra civile spagnola 1936-1939*, Gabriele Ranzato, Camillo Zadra & Davide Znedri, Museo Storico Italiano della Guerra, 2008

- *I volontari stranieri e le brigate internazionali in Spagna (1936-39)*, Bruno Mugnai, Soldiershop Publishing, 2014

- *Air War over Spain, Aviators, Aircraft and Air Units of the Nationalist and Republican Air Forces 1936-1939*, Rafael A. Permuy López, Ian Allan Publishing, 2009

- *Soviet Merchant Marine. Civil War in Spain 1936-1939* (shipsnostalgia.com)

▲ Il capitano Vincenzo Dequal (Paride Limonesi)

TITOLI GIÀ PUBBLICATI - TITLES ALREADY PUBLISHING

BOOKS TO COLLECT

www.ingramcontent.com/pod-product-compliance
Lightning Source LLC
Chambersburg PA
CBHW080748120726
48001CB00009B/2710